시가서 강의

시가서 강의

| 욥기, 시편, 잠언, 전도서, 아가 |

하나님의 말씀이 가감 없이 선포되는 교회는 종교 개혁가들이 기대했던 참 교회의 모습입니다. 하나님께서는 이 땅에 있는 당신의 백성들을 위해 66권의 영의 양식을 허락하셨습니다. 하나같이 신앙의 길을 걸어감에 있어서 살이 되고 피가 되는 말씀들입니다. 이 영의 양식들을 균형 있게 섭취하는 것이 신앙의 건강을 지켜냄에 있어서 너무나 중요하지만 한국 교회는 하나님께서 허락하신 영의 양식들을 균형 있게 섭취하지 못하고 있습니다. 구약보다는 신약을, 신약 중에서도 요한복음과 사도행전, 로마서, 갈라디아서, 에베소서 같은 특정 본문을 과도하게 편식하고 있습니다. 균형 잡히지 못한 말씀의 섭취를 하면서 건강한 신앙을 기대하기는 참으로 어렵습니다.

신앙의 길을 걸어감에 있어서 하나님께서 소중한 동역자들을 만나게 하셨습니다. 말씀에 목마른 자들과의 만남을 통하여 말씀의 생수를 깊이 있게 팔 수 있었고 말씀에 순종하고자 하는 자들을 통하여 말씀의 풍성함을 맛볼 수 있었습니다. 이번에 출간한 시가서 연구도 그 열매 중 하나입니다.

이 책은 「모세오경 강의」와 「역사서 강의」에 이어 1년 과정의 "말씀과함께" 성경 공부 가운데 「시가서 강의」 내용을 풀어서 정리한 것입니다. 강의의 현장성을 살리고자 구어체를 그대로 사용했습니다. 이 책을 통해 시가서의 핵심 내용들과 친숙해 지면서 시가서를 통해 우리에게 주시는 하나님의 말씀과 반가운 조우를 누리실 수 있기를 소망합니다.

2023년에 다섯 권의 책을 출간하면서 독자들에게 과분한 사랑을 받았습니다. 「구약성경, 책별로 만나다」(비아토르), 「신약성경, 책별로 만나다」(비아토르), 「모세오경 강의」(세미한), 「역사서 강의」(세미한), 「백문백답」(미션앤컬처)을 통해 귀한 만남이 확장될 수 있어서 더욱 감사한 시간이었습니다.

2024년 첫 번째 책으로 「시가서 강의」를 출간하게 되었습니다. 올 한해도 말씀을 사모하는 분들과 책을 통해 귀한 만남을 계속 이어나갈 수 있기를 소망합니다. "말씀과함께" 길벗이 되어 주신 모든 분들에게 진심으로 감사의 말씀을 드립니다.

하나님의 임재와 부재가 혼재된 세상과 삶의 여정 가운데서도 "말씀과함께" 걸어감으로 누리게 되는 참된 기쁨이 가득하시기를 진심으로 바랍니다. 고맙습니다.

2024년 3월 14일 양진일 목사

목차

욥기 I

말씀과함께 | 시가서강의

욥기 I

욥기를 읽으면서 많은 분들이 던지는 질문이 있습니다. 욥기의 내용들이 실제로 있었던 사건에 대한 기술인지 아니면 어떤 교훈을 주기 위해 만들어진 이야기인지를 가장 많이 질문합니다. 손을 들어 표시해 주세요. "나는 욥기에 기록된 이야기가 실제로 있었던 이야기라고 믿는다"고 생각하시는 분들은 손을 들어주세요. 역시 믿음이 강하신 분들이 손을 들어주셨습니다. 이번에는 "나는 욥기에 기록된 이야기가 실제로 있었던 이야기가 아니라 어떤 교훈을 주기 위해서 만들어진 이야기다"라고 생각하시는 분들은 손을 들어주세요. 목사님들은 모두 후자에 손을 드셨네요. 그런데 목사님들이 교회에서 욥기로 성경 공부를 인도하시거나 욥기와 관련된 설교를 하실 때는 대부분 욥기가 실제로 있었던 사건에 대한 기술이라고 말씀하시는 경우가 대부분인 것 같습니다. 그런데 본인들이 공부한 맥락 속에서는 다른 판단을 대부분 하고 계십니다. 대부분의 교인들은 구약에 나와 있는 사건들을 역사적으로 발생했던 사건에 대한 기술이라는 생각들을 많이 하는 것 같습니다. 창세기부터 말라기까지 모든 내용들이 실제로 역사 안에서 일어났던 사건에 대한 기술이라고 생각하며 "만약 실제로 일어난 사건에 대한 기술이 아니라면 그 기록을 믿는다는 것이 무슨 의미가 있는가?"라고 말하는 분들이 많이 계십니다.

여기서 먼저 구별해야 할 것이 있습니다. 구약에는 토라도 있고 역사서도 있고 시가서도 있고 성문서도 있습니다. 만약 역사서라고 말하는 본문이 역사적으로 없는 이야기를 지어내었다고 하면 이것은 큰 문제가 됩니다. 이것이 역사적인 사실이냐, 아니냐가 실제로 문제가 되는 것은 역사서입니다. 예를 들면 출애굽이라는 사건이 없었는데 출애굽 한 것처럼 기술하고 홍해를 건너지도 않았는데 홍해를 건넌 것처럼 기술한다면 그것을 역사서라고 말하기는 어렵습니다. 역사서라고 말하는 본문들은 실제 역사 안에서 발생했던 사건들에 대한 기술이어야 합니다. 임의로 만들어 놓고 그것을 역사라고 말한다면 그것을 신뢰하기는 어렵지 않겠습니까. 실제로 출애굽 사건이 있었는가, 다윗이란 사람이 통치했는가라고 할 때 최소한 역사서에 기술된 내용들은 역사적으로 발생한 실제적인 사건에 대한 기술이어야 합니다. 만약 그것이 아니라면 역사서로서의 가치를 인정받기는 어렵습니다. 그런데 역사서가 아닌 본문과 관련해서는 역사적인 사건이어야만 의미를 갖는 것이 아니라는 것을 아셔야 합니다.

성경은 일차적으로 역사 안에서 어떤 사건이 있었는가를 기록하는 역사책도 과학적인 진실이 무엇인가를 우리에게 알려주는 과학책도 아닙니다. 성경의 가장 중요한 정체성은 계시의 책입니다. 성경은 역사책도 과학책도 아니며 일차적으로 계시의 책이라는 것을 기억하셔야 합니다. 계시가 무엇인가요? 그동안 숨겨져 있던 하나님의 뜻이 밝히 드러나는 것을 계시라고 합니다. 그동안 우리가 알지 못했던 것이 우리에게 환하게 드러나게 된 것을 계시라고 말합니다. 계시를 이미지화해서 설명해 볼 수 있는데 무엇인가 있는데 그 무엇인가가 커튼으로 가려져 있습니다. 그런데 커튼이 걷히면서 그 안에 무엇이 있는지를 우리가 밝히 볼 수 있게 되었습니다. 그것이 계시입니다. 계시는 하나님의 뜻을 우리에게 알려주는 것입니다. 성경은 일차적으로 계시의 책입니다. 우리는 성경을 통해서 역사 안에서 어떤 일이 있었는가에 대한 정보를 알려고 하는 것이 아닙니다. 성경을 대하는 일차적인 목적은 하나님의 뜻이 무엇인지를 알고자 하는데 있습니다.

하나님께서 당신의 뜻을 우리에게 알려주실 때 다양한 수단을 사용하셨습니다. 하나님의 뜻을 우리에게 알려주실 때 편지라는 도구를 사용하기도 합니다. 이것이 신약 21권의 서신서입니다. 그리고 토라와 같은 율법 조항, 역사적 기술, 어떤 때는 이야기, 어떤 때는 시, 어떤 때는 노래, 어떤 때는 문학이라고 하는 다양한 수단을 통해서 하나님께서는 당신의 뜻이 무엇인지에 대해 우리에게 알려주셨습니다. 누가복음 15장을 보면 돌아온 탕자의 이야기가 나옵니다. 돌아온 탕자의 이야기가 실제로 있었던 사건이어야만 의미가 있습니까, 아니면 실제로 있었던 사건이 아니라 하더라도 하나님이 어떤 분이신지, 하나님의 마음이 어떤가를 우리에게 알려주는 맥락에서도 의미가 있다고 생각하십니까. 누가복음 10장을 보면 선한 사마리아인의 이야기가 나옵니다. 그것이 실제로 있었던 사건에 대한 기술이어야만 의미가 있습니까, 아니면 어떤 교훈을 우리에게 주기 위해서 만들어 낸 이야기라고 하더라도 의미가 있는 것입니까. 후자입니다.

성경은 일차적으로 계시의 책이라는 것이 중요합니다. 계시는 하나님의 뜻을 알려주는 것입니다. 하나님의 뜻을 알려주는 방식은 매우 다양합니다. 우리가 잘 이해할 수 있도록 알려주는 것이 중요한 것이지 어떤 한 가지 수단으로만 알려줘야 되는 것이 아닙니다. 그래서 성경 안에는 매우 다양한 장르가 있는 것입니다. 하나님의 뜻을 알려주고 어떤 교훈을 주기 위해서 문학을 사용하는 것도 의미가 있는 것입니다. 역사적으로 있었던 사건이어야만 의미가 있고 역사적으로 있었던 사건이 아니라 만들어진 이야기라면 의미가 없는 것이 아닙니다. 왜 그렇습니까? 성경은 일차적으로 계시의 책이기 때문입니다. 그런 맥락에서 욥기에 나와 있는 내용이 실제로 역사 안에서 발생한 사건에 대한 기술이어도 상관없고 어떤 교훈을 주기 위해서 만들어진 이야기여도 상관이 없는 것입니다. 왜 그렇습니까. 욥기는 역사서가 아니기 때문입니다. 역사적인 사건이냐, 아니냐 하는 문제는 여호수아부터 에스더까지 역사서에서는 정말 중요합니다. 그런데 욥기는 시가서입니다. 욥기에 나와 있는 내용이 역사적으로 일어난 사건이어도 상관이 없고 우리에게 교훈을 주기 위해 만들어진 이야기라고 하더라도 아무런 상관이 없습니다.

그런데 많은 교인들이 욥기뿐만 아니라 요나에 대해서도 역사적 사실에 대한 기술이어야만 의미가 있다고 생각합니다. 진짜 요나가 큰 물고기 뱃속에 들어갔다고 믿습니다. 그런데 요나에 기술된 내용도 어떤 교훈을 주기 위해서 만들어진 이야기여도 상관이 없는 것입니다. 왜 그렇습니까? 요나는 예언서이기 때문입니다. 역사서가 아닙니다. 그래서 혹시 이런 문제와 관련해서 고민이 있으셨던 분들은 조금은 자유하는 것이 필요합니다. 이렇게 말씀드리면 제가 욥기를 역사적 사실이 아니라고 말했다고 오해하시는 분들이 계십니다. 아닙니다. 저는 욥기에 나와 있는 내용이 실제로 있었던 사건이 아니었다고 말하는 것이 아닙니다. 제 강의를 들으시는 분들 가운데 10% 정도는 항상 이상하게 이해하십니다. 방금 전에 실제로 있었던 사건이 아니라고 손을 드신 분들은 목사님들이었습니다. 제 입장은 그 입장이 아닙니다. 저는 역사적 사건이어도 좋고, 역사적 사건이 아니라 하더라도 상관이 없다는 입장입니다. 혹시 그런 문제로 고민하는 분들이 계시다면 여러분들이 설명을 잘 해주시기를 바랍니다. 저는 제 강의를 들으신 분들이 강의를 듣고 나서 본인의 생각을 잘 정립하는 것도 중요하지만 여러 번 잘 들어서 누군가를 잘 가르칠 수 있으면 더욱 좋겠습니다. 그래서 한국 교회 안에 만연한 유치원적인 신앙 수준을 조금이라도 높이는데 여러분이 사용되면 좋겠습니다. 욥기는 하나님의 계시를 위한 이야기 가운데 하나라고 하는 것을 꼭 기억하시기 바랍니다.

또 하나 욥기를 보면서 성경의 본문 배경과 기록 시점과 정경 확정의 시점의 차이를 기억하면 좋겠습니다. 예전에 한글 성경 가운데 본문 앞에 이것이 언제 기록되었는지, 저자는 누구인지에 대해 짧게 기술한 성경이 있었습니다. 그런데 어떤 성경을 보니까 욥기에 대해 저자는 모세라고 하고 기록 시점은 주전 20세기라고 적어 놓았습니다. 모세는 주전 15세기 사람인데 기록 시점을 주전 20세기라고 하는 것은 앞뒤가 맞지 않는 기술입니다. 대부분은 욥기가 족장 시대에 기록되었다는 생각을 합니다. 그렇게 생각하는 이유는 욥이 살았던 시대가 족장 시대를 배경으로 하고 있기 때문입니다. 욥이 살았던 시대가 족장 시대를 배경으로 하고 있음은 크게 두 가지 사실을 통해 알수 있습니다. 첫째는 욥을 동방에서 가장 큰 자, 동방에서 가장 복 받은 사람이라고 말하는데 욥이 복 받은 사람이라는 증거가 열 명의 자녀와 엄청난 가축입니다. 이것이 바로 족장 시대의 기준입니다. 족장 시대에는 하나님의 복을 받았는지 받지 못했는지를 평가할 때 자녀가 몇 명이냐, 얼마나 많은 가축을 소유하고 있는가로 판단했습니다.

둘째는 욥의 나이입니다. 족장 시대에는 보통 남자들이 40세 정도에 결혼했습니다. 이삭과 에서의 결혼 연령이 40세입니다. 보통 그나이에 결혼하고 아내를 통해 열 명 정도의 자녀를 얻게 되었다면 욥의 나이는 50세에서 60세 정도 되었다고 볼 수 있습니다. 욥의 자녀들이 정확하게 언제 죽었는지는 알 수 없습니다. 그런데 모든 재앙이끝난 이후인 욥기 42장에 보면 욥이 140년을 더 살았다는 말이 나옵니다. 그러면 보통 40세에 결혼하고 재앙이 5~60세에 일어났고 140년을 더 살았다고 하면 욥은 대략 190세에서 200세까지 산 것입니다. 이는 아브라함과 이삭 같은 족장들의 나이와 비슷합니다. 아브라함의 향년은 175세, 이삭의 향년은 180세였습니다. 욥과 관련하여 욥기에 나와 있는 내용을 문자 그대로 받아들이면 욥이 살았던 시대를 족장 시대로 추론할 수 있습니다. 그래서 대부분 욥기의 본문 배경이 족장 시대이기 때문에 욥기도 그때 기록되었다고 생각하지만 사실은 그렇지 않습니다.

성경은 어떤 본문이건 시간과 관련해서 1, 2, 3을 구분해야 합니다. 1은 본문의 배경 시점입니다. 2는 본문이 기록된 시점입니다. 3은 본문이 영감 받은 하나님의 말씀으로 최종 인정받은 시점입니다. 성경의 본문과 관련해서 우리가 1, 2, 3을 기억하는 것이 필요합니다. 본문의 배경이 1이고, 본문이 기록된 시점이 2이고, 본문이 정경으로 확정된 시점이 3입니다. 그런데 성경 본문 가운데 1, 2, 3이 일치하는 본문은 하나도 없습니다. 모든 본문마다 1, 2, 3이 약간의 시간적 차이가 있습니다. 1번하고 2번이 시간적 차이가 거의 없는 것이 서신서입니다. 서신서는 본문의 배경과 본문이 기록된 시점이 거의 동일합니다. 바울이 로마 교회에 보낸 편지를 보면 본문에 나오는 내용과 바울이 쓴 시점이 거의 일치합니다. 그런데 서신서가 최종적으로 정경으로 인정받은 것은 주후 397년입니다. 1, 2는 거의 비슷하지만 3과는 엄청난 시간적 차이가 있는 것입니다.

욥기는 1번과 2번과 3번의 시간적 간격이 가장 큰 본문입니다. 욥기의 본문 배경 시점은 족장 시대로 주전 20세기부터 18세기까지를 배경으로 합니다. 그런데 욥기는 페르시아 시대 때 기록되었다고 봅니다. 그것을 알 수 있는 근거가 무엇입니까? 욥기 안에 기록된 단어들입니다. 욥기 안에는 페르시아 시대 때 만들어진 신조어들이 있습니다. 이 단어들을 통해 본문이 기록된 시점을 학자들은 추측합니다. 예컨대 2500년경 우리나라 어딘가에서 텍스트가 하나 발견되었다고 가정해 보십시오. 그 안에 내용을 보니 세종대왕과 집현전 학자들이 한글을 창제하는 과정에 대한 이야기가 나옵니다. 그러면 우리는 이렇게 생각하기 쉽습니다. 세종대왕과 집현전 학자들이 한글을 창제할 때 이야기이고 한글이 만들어진 것이 1443년이니까 이것은 15세기 중반에 기록된 것이라고 생각하기 쉽습니다. 그런데 본문에 집현전 학자들이 만들어 온 초안을 보고 세종대왕이 '오! 대박'이라고 말했다는 표현이 나오고 '헐'이라는 단어도 나온다고 합시다. 그러면 학자들은 본문에 사용된 '오! 대박'이나 '헐'이라는 단어가 언제부터 사용되었는지, 언제 만들어진 신조어인지를 주목합니다. 조사 결과 이 단어들이 21세기 대한민국에서 처음 쓰인 단어임을 알게 되면 이 본문은 아무리 빨라도 21세기 이전에는 쓰여 질 수 없다는 결론이 나옵니다. 이런 식으로 본문이 쓰인 연대를 추측하는 것입니다.

우리처럼 한글 성경을 읽는 사람들은 본문이 언제 쓰였는지 알 길이 없지만 전문적으로 언어를 연구하는 사람들에 의해서 욥기 안에 있는 몇 개의 단어들이 페르시아 시대 때 만들어진 신조어임을 알게 되었고 따라서 욥기는 아무리 빨라도 페르시아 시대 이전에는 기록될 수 없다는 결론을 내리게 된 것입니다. 또 하나 욥에게 여러 재앙들이 연속적으로 일어나게 될 때 욥기 1장 17절은 이렇게 말합니다.

그가 아직 말하는 동안에 또 한 사람이 와서 아뢰되 갈대아 사람이 세 무리를 지어 갑자기 낙타에게 달려들어 그것을 빼앗으며 칼로

종들을 죽였나이다 나만 홀로 피하였으므로 주인께 아뢰러 왔나이다.

종의 보고에서 갈대아 사람이라는 표현이 나옵니다. 누구를 갈대아 사람이라고 합니까? 신바벨론 사람을 갈대아 사람이라고 합니다. 신바벨론 제국은 주전 626년에 시작되었습니다. 주전 626년에 나보폴라살에 의해서 신바벨론 제국이 건설되었습니다. 그 나보폴라살의 아들이 느부갓네살입니다. 이때 등장한 신바벨론 사람들을 갈대아 사람이라고 부른 것입니다. 그런데 욥기 1장 17절에 갈대아 사람이라는 표현이 나옵니다. 갈대아 사람이라는 단어를 통해 우리는 욥기가 주전 626년 이전에는 기록될 수 없는 본문임을 알 수 있습니다. 신바벨론 제국의 사람들을 갈대아 사람이라고 했는데 여기에 갈대아 사람이라는 표현이 나온 것을 보면 욥기는 아무리 빨라도 주전 626년 이전에는 기록될 수 없는 것입니다. 이런 것을 보면서 본문이 언제 기록되었는지를 학자들은 연구합니다. 그래서 욥기 본문의 배경은 족장 시대이지만 본문이 기록된 시점은 페르시아 시대로 보고 있습니다.

욥기가 하나님의 말씀으로 최종 확정된 시점은 90년입니다. 유대교에서 토라와 예언서와 성문서의 모든 성경 본문이 하나님의 말씀으로 최종 확정된 시점이 90년입니다. 이처럼 욥기는 1, 2, 3 사이의 시간적 간격이 엄청나게 큽니다. 본문의 배경은 족장 시대이고, 기록된 것은 페르시아 시대이고, 정경으로 확정된 것은 1세기입니다. 그렇다면 신약의 복음서는 어떨까요? 마태, 마가, 누가, 요한복음에 나오는 내용들은 20년대 말을 배경으로 하고 있습니다. 왜냐하면 예수님이 주전 4년경에 출생했고, 30세 즈음에 공생애를 시작하셨습니다. 공생애 기간은 짧으면 1년, 길게는 3년을 하셨다고 봅니다. 그렇다면 예수님의 공생애, 십자가, 부활, 승천 모든 사건은 27년에서 30년 사이에 일어난 사건입니다. 마태, 마가, 누가, 요한복음의 본문 배경은 20년대 말이고 복음서가 기록된 시점은 언제입니까? 예수님이 공생애 사역을 하실 때 기록된 것입니까? 아닙니다. 마가복음은 70년, 마태와 누가복음은 80년, 요한복음은 90년경에 기록되었습니다. 제일 먼저 기록된 마가복음도 예수님이 승천하신지 40년 정도 지난 후에 기록된 것입니다. 복음서가 최종적으로 하나님의 말씀으로 확정된 것은 397년입니다. 여기에도 시간적 간격이 있습니다. 이처럼 창세기부터 요한계시록까지 66권의 성경이 본문의 배경이 1, 기록된 시점이 2, 정경으로 확정된 시점이 3이라고 할 때 1, 2, 3의 시간적 간격이 있습니다. 그런데 시간적 간격이 가장 큰 본문이 욥기입니다.

욥기는 논쟁이 중심인 본문입니다. 어떻게 보면 한국 교회에서 가장 하지 않는 것 가운데 하나가 토론입니다. 욥기는 욥과 세 친구 사이의 토론이 핵심 내용입니다. 욥을 대표로 하는 한 집단과 세 친구를 대표로 하는 한 집단 사이의 토론이 본문의 중심을 차지하고 있습니다. 각 집단이 가지고 있는 패러다임이 있는데 이 패러다임과 저 패러다임이 충돌하는 이야기가 욥기입니다. 한 세대 전만 하더라도 한국 교회는 대부분 주일 오전예배를 드린 후에 저녁예배를 드렸습니다. 그런데 20년 전부터 저녁예배를 없애고 주일 오전예배를 드리고 오후예배로 드렸습니다. 그때 열띤 논쟁이 있었습니다. 모 신학대학 교수는 "교인들의 편의를 위해서 오후예배로 바꾸는 것이 아니냐”고 하면서 “한국 교회가 지금 몰락하는 이유 가운데 하나가 주일 저녁 예배를 폐지했기 때문이라고” 주장하기도 했습니다. 주일 저녁 예배가 몸에 배어 있던 분들은 갑자기 주일 오후예배를 드린다고 하니까 처음에는 반대가 심했습니다. 이런 것과 비슷한 패러다임의 충돌이 욥기 안에 있습니다. 패러다임이 무엇입니까? 대부분의 사람들이 가지고 있는 공통의 견해를 패러다임이라고 합니다. 대부분의 사람들이 가지고 있는 공통의 패러다임이 있는데 새로운 세대가 등장하게 되면 기존의 패러다임과 새로운 패러다임 사이에 충돌이 일어납니다.

1990년대 초반에 X세대라는 표현을 사용했고 요즘은 MZ세대라는 표현을 사용합니다. 세대에 대한 새로운 규정은 기존의 패러다임으로 설명할 수 없는 새로운 세대가 등장했다는 말입니다. 조금 올드한 세대는 약간 성향이 다르다 하더라도 비슷한 시대를 살았고 비슷한 경험을 했기 때문에 대부분의 사람들이 갖고 있는 공통적인 견해가 있습니다. 그런데 이 견해를 요즘 젊은 사람들에게 말하게 되면 젊은 세대는 기성세대의 주장을 받아들이지 않고 거부합니다. 대신 젊은 사람들이 가지고 있는 공통의 견해가 있습니다. 패러다임이 달라진 것입니다. 예를 들면 저 때만 하더라도 누구를 사귄다는 것은 그 사람과 결혼하는 것을 전제로 교제했습니다. 내가 결혼하기 전에 이 사람 저 사람을 사귀어 봐야겠다는 마음으로 교제한 사람은 그리 많지 않았던 것 같습니다. 그런데 요즘 세대는 그렇지 않습니다. 그들은 잘 살기 위해서라도 여러 사람들을 만나보는 것이 필요하다고 생각합니다. 이처럼 패러다임이 바뀐 것입니다. 욥기가 그렇습니다.

이스라엘 백성들이 전통적으로 가지고 있던 패러다임이 있습니다. 이 패러다임을 신명기 신학이라고 합니다. 신명기 28장에 보면 순종하면 복을 받고 불순종하면 벌을 받는다는 말씀이 나옵니다. 하나님께 순종하는 사람은 들어와도 복을 받고 나가도 복을 받고 불순종하는 사람은 들어와도 벌을 받고 나가도 심판을 받는다는 말이 한 장에 걸쳐 길게 나옵니다. 이것을 신명기 신학이라고 말합니다. 신명기 신학을 우리가 잘 아는 용어로 바꾸면 인과응보 신학인 뿌린 대로 거둔다는 것입니다. 당신이 순종의 씨앗을 뿌렸으면 복이라는 열매를 거두게 될 것이고 불순종의 씨앗을 뿌렸으면 재앙이라는 열매를 거두게 될 것이라는 것이 인과응보 신학이고 신명기 신학입니다. 이스라엘의 전통적 패러다임이 신명기 신학이었습니다.

그런데 새로운 세대가 등장해서 도발적인 질문을 던집니다. "진짜 하나님께 순종하는 사람이 복을 받는 것이 맞습니까, 진짜 하나님께 불순종 하는 사람들이 벌을 받는 것이 맞습니까"라고 질문합니다. 그들이 볼 때는 악인들은 승승장구를 거듭하고 의로운 사람들은 악인들에 의해 계속해서 고난을 받는 것처럼 보입니다. 그래서 그들은 전통적인 패러다임을 수긍하지 않고 반박합니다. 기존의 패러다임을 사수하는 사람들과 새로운 패러다임을 주장하는 사람들 사이에 충돌이 일어난 것입니다. 욥기 안에서 전통적인 신명기 신학을 주장하는 사람들이 누구입니까? 욥의 세 친구들입니다. 여기에 반박하는 그룹이 있습니다. 그들을 대표하는 사람이 욥입니다. 이러한 패러다임의 충돌이 욥기의 중심 내용입니다.

욥기와 비슷한 본문이 전도서입니다. 시편은 대부분 신명기 신학을 수긍합니다. 시편 1장은 복 있는 사람의 승승장구에 대해 말합니다. 복 있는 사람은 시냇가에 심은 나무입니다. 그런데 전도서는 이러한 신명기 신학에 대해 반박합니다. 하나님께 순종하는 의인들은 고난을 받고 악인들은 승승장구하는 현실을 보며 탄식합니다. 제가 성경을 보면서 감동을 받는 지점이 여기에 있습니다. 성경은 어느 하나의 주장만을 근본주의적으로 고집하지 않습니다. 우리가 알고 있는 신앙의 내용이 현실이 되지 못하는 부조리한 모습을 성경은 있는 그대로 인정합니다. 그래서 저는 성경이 대단하다는 생각이 듭니다. 욥기는 전통적인 인과응보 신학에 대한 반박과 옹호가 충돌하는 본문입니다. 욥기는 논쟁이 중심인 본문이고 욥의 세 친구의 논쟁은 패러다임의 충돌을 다루는 본문입니다. 욥과 세 친구는 어느 집단을 대표하는 존재입니다. 욥의 세 친구는 전통적인 신명기 신학을 주장하는 그룹을 대표하는 것이고 욥은 신명기 신학을 도저히 받아들일 수 없는 어떤 그룹을 대표하고 있는 것입니다.

오늘날 대한민국 사회도 이런 패러다임의 충돌을 자주 경험하고 있습니다. 특히 부모 세대와 젊은 자녀 세대 간의 대화가 쉽지 않습니다. 부모님 세대만 하더라도 가난하고 힘겨운 삶의 여정 가운데서도 열심히 노력해서 나름 자수성가한 분들이 많이 있습니다. 부모 세대들이 성장하면서 어떤 이야기를 많이 들었습니까. '개천에서 용 난다'는 이야기를 많이 들었습니다. 그리고 개천에서 용 나는 사건을 많이 목격했습니다. 그래서 부모님들은 습관적으로 젊은 자녀들에게 이렇게 말합니다. "요즘 우리 집안이 조금 힘들지만 네가 열심히 하면 돼, 개천에서 용 나는 거야." 부모님의 이야기를 듣고 예전에는 자녀들이 '네'라고 대답하고 열심히 순종했습니다. 그런데 요즘 자녀들은 그렇지 않습니다. 그들은 개천에서 어떻게 용이 날 수 있냐고 따지면서 개천에 있는 용들은 이미 다 죽었다고 말합니다. 그리고 개천에서는 욕만 나온다고 반박합니다. 이처럼 부모 세대의 이야기를 자녀 세대는 대부분 수용하지 않습니다. 이것이 바로 패러다임의 충돌입니다. 오늘날 패러다임의 충돌을 경험하고 있는 대한민국 사회에서 욥기는 매우 이해하기 쉬운 본문이라고 할 수 있습니다. 욥기를 너무 세부적으로 이해하려고 하지 말고 욥의 친구들은 신명기 신학을 옹호하는 그룹을 대표하는 것이고 욥은 신명기 신학을 도저히 수용할 수 없는 새로운 그룹을 대표하고 있다는 것을 기억하시면 좋겠습니다. 이 두 집단 간의 패러다임 충돌이 욥기라고 이해하시면 되겠습니다.

좀 더 구체적으로 살펴보면 욥의 친구들은 바벨론 1세대를 대표하는 것이고 욥은 바벨론 2, 3세대를 대표합니다. 또한 욥의 친구들은 식민지 백성으로 살아가던 시대에 승승장구하던 자들을 대표하고 욥은 식민지 백성으로 살아가던 시대에 고난 받던 의인들을 대표합니다. 바벨론에 처음 포로로 끌려갔던 바벨론 1세대는 자신들이 경험하는 모든 고난과 고통을 자기들의 죄에 대한 하나님의 심판으로 이해했습니다. 바벨론 포로 1세대는 인과응보 신학으로 자신들의 현실을 해석했습니다. 자신들이 하나님께 불순종하고 온갖 우상 숭배에 몰두했기 때문에 하나님께 이런 심판의 매를 맞고 있는 것이라고 1세대는 받아들였습니다. 바벨론 포로 생활은 자신들의 죄에 대한 하나님의 심판이었던 것입니다.

그런데 바벨론 포로 2세대, 3세대들은 태어나는 순간부터 포로의 자녀로 태어났습니다. 태어나는 순간부터 고난과 고통을 경험하게 되었습니다. 이 사람들이 무슨 죄를 범하였기에 이런 고난을 겪게 된 것인가요? 바벨론 포로 2, 3세대들에게 자기들이 경험하고 있는 고난과 고통은 이유 없는 고난처럼 다가왔을 것입니다. 그들은 도저히 인과응보 신학을 받아들일 수가 없었던 것입니다. 불순종의 씨앗을 뿌려야만 심판이라는 열매를 거두는 것인데 자기들이 잘못한 것은 아무것도 없었습니다. 신명기 24장 16절에 하나님께서 연좌제를 금지하셨습니다.

아버지는 그 자식들로 말미암아 죽임을 당하지 않을 것이요 자식들은 그 아버지로 말미암아 죽임을 당하지 않을 것이니 각 사람은 자기 죄로 말미암아 죽임을 당할 것이니라.

조상들이 잘못했다고 해서 자신들이 벌을 받는 것은 말도 안 되는 것입니다. 그런데 2, 3세대들은 태어나는 순간부터 포로의 자식으로 이방 땅에서 힘겨운 삶을 살아야 했습니다. 그러니까 바벨론 포로 2, 3세대들은 자기들이 경험하는 고난을 하나님의 뜻 안에서 받아들일 수가 없었던 것입니다. 죄를 범해야만 심판을 받는 것인데 자신들은 죄를 범하지도 않았는데 심판을 받고 있으니 신명기 신학에 대해 반박할 수밖에 없었던 것입니다.

이스라엘은 5대 제국에 식민 지배를 받았습니다. 앗수르, 바벨론, 페르시아, 헬라, 로마로 이어지는 5대 제국에 700년 이상 식민 지배를 받았습니다. 다니엘을 보면 느부갓네살 왕이 금 신상을 만듭니다. 그리고 자신이 만든 금 신상에 절하지 않으면 풀무 불에 던져 넣겠다고 협박을 합니다. 그런데 다니엘과 세 친구는 절하지 않았습니다. 그들은 하나님께만 충성을 다하기 위해 느부갓네살의 명령에 불복종한 것입니다. 전통적인 신명기 신학에 근거해 보면 하나님께 순종하게 되면 어떤 열매를 거두어야 합니까. 복이라는 열매를 거두어야 합니다. 그런데 하나님께 순종한 다니엘의 세 친구는 어떻게 되었습니까. 풀무 불에 집어 던져짐을 당했습니다. 전통적인 신명기 신학이 적용되지 않았습니다.

느부갓네살이 다스리던 시대 어떤 사람들이 세상적으로 승승장구했습니까? 느부갓네살이 시키는 대로 금 신상에 절하고 느부갓네살이 시키는 대로 이방의 지시에 잘 순응하는 사람들이 세상적으로 승승장구했습니다. 그리고 승승장구하는 사람들은 신명기 신학을 가지고 자기들을 옹호했습니다. 그런데 의인일수록 불의한 자들의 통치 가운데서 옳음을 지켜내려다가 고난을 받습니다. 이런 상황 속에서 일단의 그룹이 형성된 것입니다. 이 전통적인 신명기 신학이 과연 유효한 것인가에 대해 문제를 제기하는 새로운 그룹이 탄생하게 된 것입니다. 그러한 패러다임의 충돌을 보여주는 것이 욥기임을 기억하시기 바랍니다. 여전히 한국 교회는 신명기 신학이 강력한 힘을 발휘하고 있습니다. 일상에서 일어나는 일들을 인과응보의 관점에서 많이 해석합니다.

제가 1989년에 OO동 OO교회를 출석했습니다. 그 교회에 출석하시던 장로님 한 분이 주유소를 몇 개 운영하고 계셨습니다. 그분의 따님도 저와 함께 청년부를 출석했는데 장로님의 사업이 힘들어지게 되었습니다. 그래서 주유소 문을 하나씩 닫게 되었는데 교인들이 모였다 하면 "장로님이 잘못한 것이 있어서 하나님의 매를 맞고 있는 것 아닌가"라고 이야기했습니다. 정확한 사유를 알지 못하면서 일어난 결과를 보고 원인을 판단하기에 바빴던 것입니다.

세상적으로 성공하고 승리하면 교인들은 그 과정의 윤리성은 묻지 않고 하나님께 복을 받았다고 말합니다. 그러다 삶이 어려워지고 힘들어지게 되면 하나님께 매를 맞는다고 생각합니다. 진실한 사람들이 불의한 현실 속에서 고난을 받을 수 있고 의로운 사람들이 불의한 세계에서 고난을 받을 수 있는데 한국 교회는 너무 단순하게 세상적으로 성공하고 높은 지위에 있고 부유하고 힘이 있으면 하나님께 복을 받았다고 판단을 내리고 반대의 경우에는 하나님께 심판을 받고 있다고 규정합니다. 너무나 단순한 논리이고 생각입니다. 이때 세상적으로 성공한 사람들이 자기들을 종교적으로 포장하기 가장 좋은 논리가 무엇이겠습니까. 바로 신명기 신학입니다. 왜 그럴까요? 신명기 신학은 논리적으로 과거에서 현재로 나아갑니다. 과거에 내가 순종의 씨앗을 뿌렸으면 복이라는 열매를 거두는 것이고 불순종의 씨앗을 뿌렸으면 심판이라는 열매를 거둔다는 것입니다. 인과응보 신학은 논리적으로 과거에서 현재로 진행이 됩니다. 그러나 인과응보 신학이 우리 현실 가운데 적용될 때는 현실에서 과거를 역 추론하는 형태를 취합니다.

우리는 어떤 존재에 대해서도 그 존재를 100% 온전히 알 수는 없습니다. 어떤 사람을 계속 예의주시하면서 "이분이 이렇게 살아가고 있구나, 이렇게 순종하고 있구나, 그래서 이렇게 복을 받았구나"라고 정확한 판단을 내릴 수 있는 경우는 많지 않습니다. 부부조차도 자신의 배우자가 24시간 내내 어떻게 사는지를 정확히 알지 못합니다. 그래서 "내가 이 사람의 삶을 10년 동안 지켜본 결과 이 사람이 하나님께 이렇게 하고 저렇게 하였기 때문에 이런 복을 받게 된 거야"라고 자신 있게 말할 수 있는 경우는 거의 없다고 봐야 합니다. 왜 그렇습니까. 내 눈에 포착된 그 사람의 모습은 그가 살아온 삶의 극히 작은 일부분에 불과하기 때문입니다.

어떤 사람의 삶에 대해서도 우리가 온전히 알 수 있는 경우가 있겠습니까. 없습니다. 그런데 어느 한 존재의 모습이 우리에게 포착되는 시점이 있습니다. 현재의 시점입니다. 그가 성공하거나 추락하거나 하는 현실의 모습이 우리에게 포착이 됩니다. 만약 그가 성공하게 되면 우리는 그가 하나님께 복을 받았다고 판단을 내립니다. 그래서 그가 성공하고 나서 주일에 교회에서 떡을 돌리게 되면 그는 하나님께 복 받은 사람으로 확증이 됩니다. 교회 모든 구성원들이 그를 하나님께 복 받은 사람으로 인정하게 됩니다. 그러면 사람들이 이야기하기 시작합니다. "이분은 어떻게 하나님께 복을 받게 되었을까"라고 생각하고 그분의 과거를 역으로 추론하기 시작합니다. "이분이 새벽기도를 한 번도 안 빠졌어, 이분이 건축헌금을 많이 내셨어"라는 이야기들이 회자됩니다. 그래서 인과응보 신학을 가장 좋아하는 사람들이 누구냐면 현실에서 성공한 사람들입니다. 현실에서 성공한 사람들이 종교적으로 자기를 포장하기에 가장 좋은 논리가 인과응보입니다. 그래서 인과응보 신학은 절대 사라지지 않습니다. 인과응보 신학이 여전히 한국 교회에서 막강한 힘을 발휘하는 이유가 바로 이것입니다.

한국 교회 초기에는 천민이 장로가 되었습니다. 양반과 천민이 경쟁해도 천민이 장로가 되었던 것이 한국 초기 교회의 모습입니다. 그런데 140년이 지난 오늘날 교회에서 장로 선거를 할 때 그런 일이 일어나고 있습니까. 어느 교회에서나 장로가 되려면 최소한 어느 정도 배움이 있어야 하고 재력도 있어야 하고 사회적으로 인정받을 만한 직업도 있어야 하지 않습니까. 여러분은 장로라는 직분을 연상할 때 어떤 생각이 가장 먼저 드십니까. 장로님하면 신앙이 좋으신 분, 공동체에서 신앙의 아버지 같은 분, 인격적인 분이라는 생각이 먼저 드십니까 아니면 돈이 좀 있으시겠다는 생각이 먼저 드십니까. 저는 솔직히 말씀드리면 후자입니다.

신학교에서도 그렇습니다. 신대원 1학년 때는 신학생들이 기숙사 생활을 하게 되는데 어느 날 소문이 돌기 시작합니다. 1반에 있는 어떤 전도사님이 자기가 사역하는 교회 장로님 딸과 결혼하게 되었다는 소문이 돌면 모든 전도사님들이 다 배 아파합니다. 무엇 때문에 배 아파할까요? 신부가 될 사람이 장로님 딸이라면 "신앙이 좋은 인격적인 아버지 밑에서 얼마나 신앙교육을 잘 받았을까, 그런 자매와 결혼을 하니 얼마나 좋을까"라고 생각해야 하는 것 아닙니까. 그런데 전도사님들 가운데 그렇게 생각하는 사람은 거의 없을 것입니다. 장로님 딸과 결혼한다고 하면 무엇 때문에 부러워합니까. "나중에 장인 어른의 도움을 받아 개척할 수 있겠구나, 장로님이 가진 배경 때문에 중대형교회 부교역자로 갈 수 있겠구나, 청빙 받기 유리 하겠구나"라고 생각합니다. 이것이 부끄러운 우리의 현주소입니다.

한국 교회에서 여전히 인과응보와 신명기 신학은 강력한 힘을 발휘하고 있습니다. 바꿔 이야기하면 한국 교회 안에 여전히 너무나 많은 신음하는 욥이 있다는 것을 아셔야 합니다. 그런데 한국 교회는 의롭게 살아가다가 알 수 없는 고난과 고통을 경험하는 욥 같은 사람을 향해 "빨리 회개해, 네가 알지 못하는 죄가 있을 거야, 하나님이 그냥 너를 치셨겠어, 네가 뭔가 잘못되었기 때문에 하나님이 너를 치신거야"라고 권면하는 경우들이 많습니다. 그것 가운데 하나가 욥기 8장 7절의 말씀입니다.

네 시작은 미약하였으나 네 나중은 심히 창대하리라.

예전에 어느 기관에서 교인들을 대상으로 가장 좋아하는 말씀이 무엇인가에 대해 설문조사를 한 적이 있었는데 그때 1, 2, 3위로 뽑힌 말씀들은 우리가 다 잘 아는 말씀들입니다. "구하라 그리하면 주실 것이요 찾으라 그리하면 찾을 것이요, 내게 능력주시는 자 안에서 내가 모든 것을 할 수 있느니라, 네 시작은 미약하였으나 네 나중은 심히 창대하리라" 등이었습니다. 교인들이 개업을 할 때 사업장의 번성을 기원하면서 교회에서 욥기 8장 7절의 성구가 적힌 액자 선물을 많이 합니다. 그런데 욥기 8장 7절은 하나님께서 욥에게 주신 말씀이 아닙니다. 하나님께 옳다 인정을 받지 못한 친구들의 말입니다. 그런데 이것을 무슨 절대적인 진리를 표방하고 있는 하나님의 말씀인 것처럼 액자 선물하는 사람들은 진짜 무식 충만한 사람들입니다.

이 말이 왜 틀렸는지를 아셔야 합니다. 이 말은 하나님께 책망 받은 말씀입니다. 8장 7절은 수아 사람 빌닷이 한 말입니다. 빌닷은 이렇게 말합니다. '네 시작은 미약하다.' 여기서 네 시작은 미약하다는 말은 지금 욥이 처해 있는 현실이 너무나 비참하고 안 됐다는 것입니다. 욥은 재산도 모두 날리고 자식들도 모두 죽임을 당했습니다. 욥의 온 몸에는 악창이 나서 매일 온 몸을 긁고 있습니다. 얼마나 비참합니까. 이런 욥이 처해 있는 현실을 네 시작은 미약하다고 한 것입니다. 그런데 나중은 창대해진다는 것입니다. 왜 이 말이 틀린 말인가요? 빌닷이 하는 말의 중간에 중요한 전제가 있습니다. 그것이 뭐냐면 '회개하면'입니다. 이 전제를 알기 위해서는 욥의 친구들이 욥에게 했던 말의 맥락 속에서 이 구절을 살펴봐야 합니다.

욥의 친구들은 인과응보 신학을 가지고 욥을 계속 평가합니다. 인과응보 신학이 무엇입니까? 순종하면 복을 받고 불순종하면 벌을 받는다는 것입니다. 욥은 가지고 있던 엄청난 재산을 모두 잃었습니다. 열 명의 자녀도 죽임을 당했습니다. 온 몸에는 악창이 났습니다. 심판 중에 이런 심판이 어디 있겠습니까. 그렇다면 왜 욥이 하나님으로부터 이런 엄청난 심판을 받게 되었을까요? 인과응보에 근거해보면 욥이 하나님께 엄청난 죄를 범했기 때문입니다. 그래서 욥의 친구들은 욥에게 계속해서 회개할 것을 권면합니다. 그런데 욥은 계속해서 반박을 합니다. 자신은 이런 심판을 받을 만한 죄를 범하지 않았다는 것입니다. 욥이 이렇게 반박하고 있는 상황에서 빌닷이 한 말이 8장 7절입니다. '네가 지금 처해 있는 현실이 너무 비참하고 안됐지만 너는 회개만 하면 다시 회복될 수 있어.' 그런데 왜 이 말이 틀린 말입니까. 욥이 죄를 범해서 이런 비참한 현실 가운데 처하게 된 것이 아니기 때문입니다. 욥의 경우처럼 우리의 일상을 보면 여전히 신명기 신학으로 설명될 수 없는 일들이 너무 많습니다.

보편적으로는 우리의 삶에서 뿌린 대로 거두는 일이 많습니다. 내가 공부를 안 하면 시험 점수가 잘 나올 수가 없습니다. 나태하고 게으르게 살면 가난할 수 밖에 없습니다. 하루에 소주를 10병씩 마시게 되면 알코올 중독에 걸릴 가능성이 높습니다. 음탕하게 살면 성병에 걸려 고생할 가능성이 높아집니다. 우리 인생을 보면 수치상으로 80% 이상은 인과응보로 설명될 수 있습니다. 그런데 우리 인생의 100%를 인과응보로 설명할 수는 없습니다. 인과응보의 논리로 설명될 수 없는 인생의 빈틈이 있습니다. 인생의 여백이 있습니다. 그러므로 모든 인간의 삶을 인과응보로만 판단하지 말아야 합니다. 이것이 욥기가 우리에게 말하고자 하는 핵심입니다. 욥기를 보면서 더욱 조심해야 합니다. 누군가의 인생에 대해 함부로 평가하거나 판단해서는 안 된다는 것을 마음속 깊이 새겨야 합니다. 이것이 욥기를 알고 있는 신앙인들의 올바른 삶의 태도입니다.

Q 잘못한 것이 없이 일어난 일인데 하나님께서는 왜 욥을 책망하는 듯한 말씀을 하시고 욥도 하나님의 말씀이 끝난 다음에 42장에서 회개한다고 했는지 그런 부분이 좀 이해가 되지 않습니다.

A 욥기를 보면 욥과 친구들이 세 차례에 걸쳐 논쟁합니다. 욥의 친구가 욥을 공격하면 욥이 반박을 하고 다시 공격하면 다시 반박을 하는 세 번의 사이클이 반복됩니다. 우리도 누군가와 논쟁하게 될 때에 내가 처해 있는 상황도 알지 못하면서 누군가 하는 말에 대해서 계속 반박하게 되지 않습니까. 그러다 시간이 지날수록 각자의 주장이 더욱 강해지게 됩니다. 친구들이 처음에 욥에게 빨리 회개하라고 했을 때 욥은 처음에는 자기는 이런 벌을 받을 만큼 죄를 범하지 않았음을 항변합니다. 그러다 친구들의 계속된 회개 요청에 대해 욥은 자기의 무죄함을 강조합니다. 32장 이후에 엘리후라는 친구가 등장하는데 엘리후는 인간이라는 존재 자체가 죄악의 덩어리임을 강조하면서 욥이 자신에 대해 죄가 없다고 말하는 것 자체가 교만임을 깨우쳐줍니다. 욥은 처음에는 친구들과의 논쟁에서 자신이 이 정도의 심판을 받을 만한 죄가 없음을 강조했다가 논쟁이 격화되는 과정에서 자신의 무죄함을 주장하게 되고 거기에 대해 엘리후가 인간이라는 존

재 자체가 죄악 덩어리임을 강조하게 되고 욥이 그것을 이후에 수긍하면서 하나님께 회개했다고 이해하시면 되겠습니다.

Q 하나님께서는 욥이 의인임을 증명하기 위해서 사탄에게 욥을 맡기신 것인데 그렇다면 이후에 적어도 하나님께서는 욥을 칭찬하셔야 되는 것 아닌가요. 비록 그렇지 않더라도 미안하다는 말씀은 해야 할 것 같은데 "대장부라면 허리띠를 매고 나와라"와 같이 꾸짖기만 하는데 이것을 어떻게 해석해야 할까요?

A 제가 볼 때 하나님께서 욥을 칭찬한 이야기가 43장에 있었을 것 같습니다. 그런데 안타깝게도 우리 성경에는 기록되지 않았습니다. 우리 같은 독자들은 욥기 1~2장을 알고 있습니다. 왜 욥이 이런 고난을 받게 되었는지에 대해 알고 있는데 그러나 욥은 알지 못합니다. 하나님께서 욥에게 왜 이런 고난을 받게 되었는지에 대해 말씀하지 않으십니다. 저는 이것이 욥기를 통해서 우리에게 주시고자 하는 교훈이라는 생각이 듭니다. 욥이라는 존재는 과거에만 있었던 것이 아니라 시대마다 무수하게 많은 욥이 있었습니다. 상상할 수 없는 고통과 고난 가운데 있지만 내가 왜 이 고난과 고통을 짊어져야 되는지를 알 수 없는 무수한 욥들이 있습니다. 욥기에서 욥도 끝까지 왜 자기가 이런 고난을 받게 되었는지에 대해 알지 못합니다. 다만 욥은 무엇 때문에 만족합니까. 여전히 하나님께서 살아 계시다는 것 때문에 만족합니다. 왜 욥기에서 욥이 경험한 고난의 이유에 대해 설명하지 않았을까 라고 했을 때, 오늘날 우리에게 주는 어떤 적용적인 교훈이

라는 생각이 듭니다. 여전히 우리 주위에는 왜 나에게 이런 고난이 생겨났는가를 알지 못하는 무수하게 많은 욥들이 있습니다. 그들을 위로하는 말씀으로 욥기를 이해해야 한다고 봅니다.

Q 욥기 8장 7절의 본래의 의미에 대해 알려주셨는데 우리가 말씀을 잘못 해석하는 것들이 그 외에도 많이 있다고 생각합니다. 교회에서 욥기 8장 7절의 본 의미를 어느 정도 알고 있다고 생각하세요?

A 거의 모르고 있다는 생각이 듭니다. 제가 볼 때 목사님 가운데 50% 이상 모를 것 같고 교인들은 80% 이상 모를 것 같습니다. 사실 한국 교회는 성경을 배우는 것에 별 관심이 없습니다. 그냥 복 받기 원하고 은혜 받기 원합니다. 성경 말씀에 대한 기본적인 이해가 너무나 빈약합니다. 혹시 교회에서 욥기를 배워보신 적이 있으신가요? 거의 없을 것 같습니다. 제가 볼 때 욥기뿐만 아니라 성경의 정확한 의미를 제대로 알고 있는 신앙인들이 과연 얼마나 계실까요? 욥기의 의미를 제대로 안다면 교인에게 그런 액자를 선물하기는 쉽지 않았을 것입니다. 그런데 여전히 그런 선물을 주고 있는 것을 보면 아직도 모르고 있다는 생각이 듭니다.

Q 욥의 고백을 들어보면 고백 속에서 완벽한 율법의 실천뿐만 아니라 이웃과의 관계 속에서도 사랑과 긍휼의 실천, 자비의 실천을 행한 인물이라는 느낌이 듭니다.

Ⓐ 심리학자들 중에는 욥에 대해 다른 해석을 하는 분들도 있습니다. 욥기 1장에 보면 욥은 자녀들끼리 잔치를 벌이고 난 후에 '혹시 자녀들이 무슨 잘못을 범하지는 않았을까'라는 걱정 속에서 자녀들의 수대로 제사를 드립니다. 왜 그랬을까요? 하나님께 무엇인가를 잘못하는 것에 대한 지나칠 정도의 두려움, 그리고 자신이나 자녀들이 잘못한 것에 대해 하나님께서 내리실 심판에 대한 두려움이 많았던 인물이 아닐까 평가하기도 합니다. 그런 맥락에서 보면 욥은 하나님과의 만남과 동행이라는 것을 기쁨 가운데 누렸던 인물로 보기는 어려울 것 같습니다. 욥에게 하나님은 무서운 분이십니다. 욥은 하나님을 그런 분으로 이해했습니다. 혹시 내 삶에 하나님께 책망 받을 일은 없는가, 혹시 자녀들끼리 모여서 하나님께 책망 받을 짓을 하지는 않았을까, 그래서 어떤 잘못을 범했기 때문이 아니라 혹시나 범했을까봐 선제적으로 제사를 드렸던 인물이 욥입니다. 욥은 어떻게 보면 하나님께 잘못하는 것에 대한 강박증이 있었다고 봐야 합니다. 그런 측면에서 욥을 해석하는 심리학자들도 있습니다.

Ⓠ 어떤 신학자의 책을 봤는데 욥기가 재벌들을 옹호하는 그런 논리를 가지고 있다고 하는데 그런 것이 맞는지요?

Ⓐ 제가 그분의 주장이 정확히 어떤 맥락에서 하신 것인지는 모르겠지만 욥기 42장 때문에 그런 아쉬움을 표현한 사람들이 많이 있습니다. 제가 다음에 설명하겠지만 왜 하나님의 나타나심이 욥에게 가장 큰 위로가 되었습니까. 욥은 하나님의 부재 때문에 우주가 고장 났

다고 생각했습니다. 욥도 사실은 인과응보 옹호론자입니다. 욥도 이 것을 포기하지 않았습니다. 욥도 하나님께 순종하면 복을 받고 불순 종하면 벌을 받는다고 생각했습니다. 그런데 자기는 하나님께 순종 했기 때문에 복을 받아야 하는데 자기에게 엄청난 재앙이 임한 것으 로 인해 괴로워합니다. 이런 재앙을 받으려면 원래 무엇을 했어야 합 니까. 엄청나게 불순종을 행해야 합니다. 그런데 자기는 이런 불순종 을 행한 적이 없습니다. 그런데도 재앙이 임했습니다. 이 모든 것이 욥에게는 하나님의 우주 통치에 고장이 난 것처럼 보였습니다. 욥이 볼 때 하나님의 우주 통치에 문제가 발생한 것입니다. 이것이 욥에게 는 하나님의 부재로 느껴졌습니다. 하나님이 계시다면 어떻게 이런 일이 있어날 수 있는지에 대해 그는 괴로워합니다. 그런데 38장에서 하나님의 찾아오심을 경험하게 된 것입니다. 그것이 욥에게 큰 위로 가 된 것입니다. 저는 욥기가 하나님의 찾아오심에서 끝났어도 아름 다운 이야기라는 생각이 듭니다.

그런데 욥기는 42장에서 욥이 회복되는 이야기로 마무리됩니다. 물론 잘 보셔야 합니다. 그리스도교 신앙은 궁극적인 인과응보를 주 장합니다. 그리스도교 신앙은 궁극적인 인과응보가 맞습니다. 무슨 말이냐면 이 땅 가운데서 하나님의 백성으로 신실하게 살아갔던 자 들에게 하나님은 구원이라는 선물을 주십니다. 그렇지 않았던 자들 은 하나님과의 관계가 단절되는 아픔을 경험하게 될 것입니다. 그리 스도교 신앙이 궁극적인 인과응보를 말하는 것은 맞습니다. 그러나 현실 속에서는 때마다 인과응보가 구현되는 것이 아닙니다. 우리는 궁극적인 인과응보는 믿지만 죄악으로 충만하고 불의한 이 땅 가운데서는 하나님의 백성으로 살아가는 과정 속에서 우리가 감당하기 벅찬 고통과 고난과 힘겨움을 경험할 수도 있습니다. 그럼에도 여전히 하나님의 살아계심을 목격하고 욥기가 끝났어도 좋았겠다는 생각이 드는데 욥기 42장에서는 현실세계 속에서 다시 욥이 회복되는 이야기가 나옵니다. 이것이 결국 현실에서 성공한 자들의 논리가 되어버리는 아쉬움이 있습니다.

예수님의 산상설교를 보면 '신앙의 길은 좁은 문으로 들어가는 거야, 협착한 길을 걸어가는 거야, 이 땅에서는 너희가 고난을 받을 거야'처럼 신앙의 길에 대해 좀 더 분명한 메시지가 주어집니다. 신약에서는 죄악 된 이 세상에서 하나님의 백성들이 승승장구한다고 절대로 말하지 않습니다. 그런데 대다수 그리스도인들은 구약의 족장시대에 말하던 복에 여전히 머물러 있습니다. 한국의 그리스도인들은 복과 관련해서는 신약으로 안 가고 싶어 합니다. 좁은 문, 협착한 길, 이 땅에서 고난 받는 것을 별로 환영하지 않습니다. 예수님이 나를 위해 돌아가셨다는 그 사실에만 감사할 뿐이지 여전히 복과 관련해서 한국 교회는 구약에 메여 있습니다. 욥기가 재벌들을 옹호하는 논리라는 것은 42장에서 결국 욥이 두 배의 복을 받는 맥락 속에서 그런 식의 이야기가 나왔을 것이라는 생각이 듭니다.

욥기 II

말씀과 함께 | 시 가 서 강 의

욥기 II

오늘은 욥기 8장 7절 이하부터 살펴보도록 하겠습니다. 창세기를 공부할 때 그런 말씀을 드렸습니다. 첫째, 성경에는 하나님의 말씀만 기록되어 있는가? 라고 했을 때 그렇지 않다, 성경에는 사탄의 이야기도 기록되어 있고 때로는 하나님께 책망 받았던 사람들의 말도 기록되어 있다고 했습니다. 둘째, 믿음의 사람들이 한 모든 말은 하나님의 뜻을 대변하는 것인가? 그리고 믿음의 사람들이 했던 모든 행동은 하나님이 원하시는 바를 대행한 것인가? 라고 했을 때 그렇지 않다, 다윗이 밧세바를 범한 것이 하나님의 뜻과 아무런 상관이 없고 아브라함이 자기 아내를 누이라고 거짓말한 것이 하나님의 뜻과 아무런 상관이 없다고 했습니다. 셋째, 하나님이 한번 선포하신 말씀은 영원무궁토록 유효한가? 라는 문제에 대해서도 그렇지 않다고 했습니다.

우리가 이런 질문들을 하게 된 이유가 있습니다. 창세기 9장 25절 이하를 보면 노아가 세 아들에 대해 축복과 저주의 메시지를 선포하는 장면이 나옵니다. 그 본문을 가지고 백인들이 "야벳의 후손들이 백인이고 함의 후손이 흑인들이다"라고 말하면서 하나님께서 가나안은 야벳의 종이 될 것이라고 말씀하셨으니 백인이 흑인을 노예로 부려 먹는 것은 하나님의 뜻의 성취라는 식의 주장을 많이 했습니다. 백인들은 창세기 9장에 나오는 노아의 말을 하나님의 말씀으로 받아들였고 하나님이 한번 선포하신 말씀은 영원무궁토록 유효하다고 주장했습니다. 여기에 대해서 우리가 질문을 던지는 것입니다. 첫째, 성경에는 하나님의 말씀만 기록되어 있는가? 그렇지 않습니다. 둘째, 믿음의 사람들이 했던 모든 말은 다 하나님의 뜻을 대변한 것인가? 그렇지 않습니다. 노아의 말이라고 해서 그 자체가 하나님의 말씀이라고 수용하는 것은 굉장히 위험할 수 있습니다. 셋째, 노아가 선포한 말이 하나님의 뜻을 대변한 것이라고 하더라도 한번 선포된 하나님의 말씀은 영원무궁토록 유효한 것인가? 그래서 노아가 선포했던 말씀대로 수천 년 이후에 백인들이 흑인들을 노예로 부려 먹는 것이 정당한 것인가? 라고 질문했을 때 우리가 봤던 곳이 두 개의 본문입니다.

먼저 창세기 49장에 보면 야곱이 죽기 전에 열두 아들에 대해 축복과 저주의 유언적인 메시지를 선포합니다. 그때 가장 저주받았던 아들이 누구냐면 레위입니다. 그런데 신명기 33장에 보면 모세가 죽기 전에 열두 지파에 대해서 축복과 저주의 메시지를 선포하는데 이때 가장 축복을 받은 지파가 레위 지파입니다. 레위는 야곱에게는 저주를 받았지만 모세에게는 가장 큰 축복을 받습니다. 그러면 창세기 49장의 야곱의 말과 신명기 33장의 모세의 말이 하나님의 말씀을 대변한 것이라고 할 때 하나님이 야곱을 통해서 레위를 저주하셨지만 모세를 통해서는 레위 지파를 축복해 주신 것입니다. 하나님이 한 번 선포하신 말씀이 영원무궁토록 유효한 것이 아니라 변화된 상황에 따라 얼마든지 다른 말씀이 선포될 수 있다는 것을 우리는 여기서 볼 수 있습니다.

특히 욥기에서 왜 이것이 중요하냐면 욥기는 욥과 세 친구의 논쟁 이야기입니다. 패러다임 충돌이라고 말씀드렸습니다. 재미있는 것이 우리가 어떤 선입견도 없이 욥과 세 친구의 이야기를 쭉 읽다 보면 우리가 고개를 끄덕이게 되는 말들은 대부분 욥의 세 친구들의 말들입니다. 그러니까 욥의 세 친구의 말은 오늘날 목사님들의 설교와 유사합니다. 굉장히 하나님을 경외하고 높입니다. 이것이 누구의 말인가를 가리고 내용만 읽게 되면 우리가 동의하고 '아멘'으로 화답하게 되는 말들은 대부분 다 욥의 세 친구의 말들입니다. 그런데 욥기를 제대로 이해하려면 욥기 42장 7절의 말씀에 근거해서 욥기를 읽어야 합니다. 욥기 42장 7절입니다.

여호와께서 욥에게 이 말씀을 하신 후에 여호와께서 데만 사람 엘리바스에게 이르시되 내가 너와 네 두 친구에게 노하나니 이는 너희가 나를 가리켜 말한 것이 내 종 욥의 말 같이 옳지 못함이니라.

욥기 전체가 욥과 세 친구의 논쟁 이야기인데 하나님은 욥과 세 친구의 이야기 가운데 누구의 이야기가 그나마 옳다고 하십니까. 욥의 이야기가 옳다는 것입니다. 욥의 세 친구의 말은 틀렸다는 것입니다. 이 전제를 붙잡고 우리가 세 친구의 말을 봐야 하는 것입니다. 우리가 아무런 선입견 없이 누구의 말인지를 알지 못한 상태로 내용만 읽었을 때 우리가 동의하고 아멘이 되는 것이 대부분 욥의 세 친구의 말이라는 사실은 우리가 이런 식의 신앙적 사고에 길들여져 있음을 보여주는 것입니다. 이 점을 기억하시면서 욥기를 읽는 것이 필요합니다.

　그러면 왜 욥의 세 친구의 말은 틀린 말이 되었을까요? 욥의 세 친구는 어떤 신학을 가지고 있었습니까? 신명기 신학입니다. 신명기 신학은 어떤 논리로 전개됩니까? 인과응보, 즉 뿌린 대로 거둔다는 것입니다. 우리가 순종의 씨앗을 뿌렸으면 복이라는 열매를 거두는 것이고 불순종이라는 씨앗을 뿌렸으면 심판과 저주라는 열매를 거둔다는 것입니다. 그런데 지금 욥이 처해 있는 현실을 보십시오. 재산을 모두 잃어버렸고 자녀들도 모두 죽임을 당했습니다. 욥의 온 몸에는 악창이 나서 기왓장으로 온 몸을 긁고 있습니다. 욥이 처해 있는 현실을 보면 하나님의 엄청난 심판을 받고 있는 것입니다. 인과응보에 근거할 때 이런 심판을 받으려면 무엇이 전제되어야 합니까? 엄청나게 하나님께 불순종했어야 합니다. 그래야만이 이런 엄청난 심판을 받게 되는 것입니다. 이와 같이 욥의 세 친구는 인과응보의 논리를 가지고 욥의 현실을 재단하고 있습니다. 친구들은 욥에게 끊임없이 회개할 것을 요청합니다. 이것을 욥은 거부합니다. 그래서 욥기가 우리에게 주는 가장 중요한 교훈은 인과응보의 논리로만 해석되거나 규정될 수 없는 무수한 인생의 사건들이 존재한다는 것입니다. 한번 생각해 보십시오. 인간이 경험하는 모든 고난은 죄의 열매입니까? 그렇지 않습니다. 인간이 고난 받게 되는 얼마나 다양한 경로가 있습니까.

자동차가 발명된 이후 자동차 사고로 엄청나게 많은 사람들이 죽거나 다쳐서 장애를 입게 되었습니다. 피해자는 교통법규를 잘 지켰는데 어떤 사람이 교통신호를 위반하고 과속해서 사고가 났습니다. 그러면 피해자가 경험하고 있는 신체적 장애라든가 죽음이라고 하는 것이 그 사람의 죄의 결과인가요? 그렇지 않습니다. 물론 인생의 여정에서 경험하게 되는 고난 중에는 자기가 잘못해서 얻게 되는 고난도 분명히 있습니다. 열심히 공부하지 않으면 좋은 점수를 기대하기가 어렵습니다. 게으르게 살거나 방탕하게 산 사람들이 가산을 탕진할 가능성이 높습니다. 지나치게 과로하게 되면 쓰러질 가능성이 높습니다. 자기 잘못 때문에 얻게 되는 고난이나 아픔이 분명히 존재합니다. 그런데 어떤 경우에는 히틀러 같은 불의한 독재자가 등장하게 되면 한 민족이 전멸의 고통을 당하기도 합니다. 군사 독재자들이 등장하면 정의를 추구하는 많은 사람들은 핍박을 받을 수밖에 없습니다. 이것이 자신들의 죄의 결과는 아닌 것입니다.

또 하나 누군가를 위해서 고난을 받는 경우도 있습니다. 구약에 나오는 예언자들이 그러한 사람들입니다. 구약에 보면 대부분의 예언자들은 중산층 이상입니다. 먹고 사는 것에 대해 걱정이 없던 사람들입니다. 그런데 이 사람들은 가난한 사람들을 위하여 대신 소리를 질

렀습니다. 그것 때문에 감옥에 갇히고 매를 맞고 죽임을 당했습니다. 대부분의 예언자들이 경험하는 고난이라고 하는 것은 누군가를 위하다가 받고 있는 고난입니다. 우리가 인생의 여정에서 보면 꼭 자기 잘못 때문에 고난과 고통을 받는 것이 아닙니다. 고난을 받게 되는 경로는 매우 다양합니다. 문제는 신명기 신학에 사로잡힌 사람들은 누가 고난을 받고 있거나 상황이 매우 비참하다고 하면 하나 같이 그 사람의 어떤 죄의 결과인 것처럼 너무 쉽게 규정한다는 것입니다. 이렇게 함부로 규정하거나 해석하지 못하도록 만드는 것이 욥기가 우리에게 주는 중요한 교훈입니다.

욥의 친구들은 계속해서 인과응보를 강조하고 욥은 이것을 거부합니다. 그런데 욥의 친구들은 시간이 지날수록 인과응보 논리를 거부하는 욥을 하나님을 거부하는 자로 낙인을 찍습니다. 욥은 신명기 신학의 인과응보를 자기에게 적용하는 것을 반대하는 것인데 친구들은 욥이 인과응보 논리를 거부하는 것을 마치 하나님을 거부하는 것처럼 생각합니다. 그래서 우리가 정말 조심해야 될 것이 있습니다. 어떤 논리라든가 어떤 교리라든가 어떤 인물을 하나님과 동일시하는 것을 정말 조심해야 합니다.

제가 공부했던 총신대학교는 박형룡 목사님을 굉장히 존경합니다. 그리고 종교 개혁자 칼빈을 아주 중요하게 생각합니다. 만약 총신대에서 박형룡과 칼빈에 대해 비판적인 이야기를 하게 되면 마치 하나님을 공격한 사람처럼 취급하며 득달같이 달려듭니다. 루터교에서 루터를 비판하게 되면 하나님을 비판한 것처럼 난리를 치고 감리교에서는 웨슬리를 비판하게 되면 하나님을 비판한 것처럼 큰 문제가 됩니다.

　그러면 루터나 칼빈이나 웨슬리 같은 사람이 우리가 절대적으로 믿어야 될 하나님 같은 존재인가요? 천만의 말씀입니다. 루터나 칼빈이나 웨슬리가 뛰어난 사람임에는 틀림없지만 그들도 시대의 한계 안에 갇혀 있던 사람들입니다. 그들에게도 빛과 그림자가 있습니다. 그런데 어떤 사람에 대해 문제를 제기하거나 그들의 한계를 지적하게 되면 마치 하나님을 공격하는 것처럼 이해하는 사람들이 너무나 많습니다. 합신 교단에서는 박윤선 목사님이 거의 절대적인 존재입니다. 박윤선을 비판하면 안 됩니다. 이런 모습들은 하루 빨리 지양되어야 할 모습들입니다.

　인과응보를 비판한다고 해서 그것이 하나님을 거부하는 것인가요? 천만의 말씀입니다. 그런데 우리도 모르는 사이에 특정한 주장이나 특정한 인물이나 특정한 장소를 하나님과 동일시하는 경우들이 많습니다. 이러한 것들이 바로 우상입니다. 그리스도교 신앙은 어떻게 보면 매우 명쾌합니다. 하나님 외에는 그 어떤 것도 절대적인 것이 존재하지 않는다는 것입니다. 하나님 앞에서 모든 것은 상대화 되어야 합니다. 그런데 착한 마음을 가진 순진한 그리스도인들이 하나님의 자리에 자꾸 어떤 인물을 올려놓거나 어떤 교리를 올려놓습니다. 그것이 사실은 우상입니다. 역설적이게도 우상을 숭배하는 사람들 중에 자기가 우상을 숭배하고 있다고 생각하는 사람은 거의 없습니다. 구약에서 이스라엘 백성들이 붙잡고 있던 세 가지 우상이 있었습니다. 즉 성전 신학, 시온 신학, 왕정 신학입니다. 성전 신학이 무엇입니까? 성전은 하나님의 집이라는 신학입니다. 그러면 하나님의 집이 무너질 수 있습니까? 절대로 무너질 수 없습니다. 그래서 하나님의 집인 성전은 절대 무너지지 않는다는 것이 이스라엘 백성들이 가지고 있던 성전 신학이었습니다. 누가 성전을 비판하면 하나님을 비판하는 것처럼 달려듭니다. 시온 신학이 무엇입니까? 시온은 예루살렘의 별칭입니다. 시온 신학은 바꿔 말하면 예루살렘 신학입니다. 이스라엘 백성들은 예루살렘을 하나님의 도성이라고 생각했습니다. 하나님의 도성이 무너지는 것을 하나님이 무너지는 것으로 이해했습니다. 하나님이 무너질 수 있습니까? 없습니다. 따라서 하나님의 도성인 예루살렘은 결코 무너지지 않는다는 것이 바로 시온 신학이었습니다.

그리고 다윗 왕조를 하나님의 자리에 올려놓은 것이 왕정 신학입니다. 이스라엘 백성들은 이렇게 생각했습니다. 하나님은 다윗 왕조를 통해 세계를 통치하고 계시기 때문에 다윗 왕조의 통치가 끝장나면 하나님의 세계 통치가 끝장나는 것처럼 이해했습니다. 하나님의 통치가 끝장날 수 있습니까? 없습니다. 따라서 다윗의 후손들을 통한 하나님의 세계 통치는 영원무궁하다, 북이스라엘이 멸망한다고 하더라도 다윗의 후손들이 다스리는 남유다는 절대로 멸망하지 않는다는 것이 남유다 백성들이 가지고 있었던 왕정 신학입니다. 자기들도 모르는 사이에 하나님과 성전, 하나님과 예루살렘, 하나님과 다윗 왕조를 동일시 한 것입니다. 이것을 누가 깨뜨리셨습니까. 하나님이십니다. 하나님은 바벨론이라는 막대기를 사용하셔서서 예루살렘 성전을 박살내고 다윗 왕조의 통치를 끝장내고 예루살렘 성벽을 무너뜨렸습니다. 성전과 예루살렘 성과 다윗 왕조 모두가 무너졌습니다. 그러나 그것들이 무너졌다고 해서 하나님이 무너지셨나요. 하나님이 멸망 당하셨나요. 천만의 말씀입니다. 도리어 하나님은 바벨론을 통해 남유다를 멸망시킴으로써 이스라엘 백성이 붙잡고 있던 세 가지 우상을 박살내신 것입니다.

오늘날 그리스도인들이 자신도 모르는 사이에 붙잡고 있는 우상이 있습니다. 그리스도교 우상 숭배입니다. 우리가 믿어야 될 것은 하나님이지 그리스도교라는 현실 종교가 절대 아닙니다. 그리스도교라는 현실 종교는 얼마든지 타락할 수 있습니다. 그리스도교가 하나님과 절대 동일시 될 수 없습니다. 그리스도교가 잘못한 것이 있으면 도리어 우리가 앞장서서 그리스도교의 문제를 비판해야 합니다. 그런데 대부분의 착한 그리스도인들은 누가 그리스도교를 비판하면 그것을 마치 하나님을 비판하는 것이라고 생각하고 분노합니다. 그리스도교가 하나님과 동일시 될 수 있습니까? 천만의 말씀입니다. 이것이 바로 그리스도교 우상 숭배입니다.

또 교회 우상 숭배가 있습니다. 현실 교회는 얼마든지 타락한 강도들의 소굴이 될 수 있습니다. 그런데 교회가 무엇을 잘못하는데 누군가 교회를 비판하면 마치 그것을 하나님을 비판하는 것으로 받아들이고 마음 아파하고 분노합니다. 교회가 잘못한 것이 있으면 우리가 먼저 비판해야 합니다. 어떤 분들은 목사 우상 숭배에 빠져 있습니다. 어떤 목사를 하나님처럼 이해하고 떠받듭니다. 그 목사가 성범죄를 저지르건 재정 횡령을 하건 논문 표절을 하건 그 외에 무슨 악한 짓을 해도 그 목사를 비판하는 사람이 있으면 흥분합니다. 그 목사가 무너지면 교회가 무너지고 교회가 무너지면 하나님의 나라가 무너지는 것처럼 착각합니다. 그것이 목사 우상 숭배입니다. 그러면 어떤 사람들이 이런 우상 숭배에 빠질까요? 착한데 분별력이 없는 사람들이 대부분 이런 우상 숭배에 빠집니다. 특정 인물이나 특정 주장이나 특정 장소를 하나님과 동일시하는 것이 바로 우상 숭배라는 것을 기억해야 합니다. 욥과 욥의 세 친구의 논쟁이 거듭될수록 욥의 세 친구는 인과응보 논리를 거부하고 있는 욥을 마치 하나님을 거부하는 자처럼 규정하고 공격합니다. 인과응보 논리를 거부하는 것이 하나님을 거부하는 것입니까? 절대로 그렇지 않습니다. 하나님 앞에 모든 것은 상대화되어야 합니다. 하나님 한 분 외에 어떤 것을 절대화하는 것 자체가 우상 숭배임을 기억하셔야 합니다.

욥기는 66권의 성경 본문 가운데 유일하게 토론이 중심인 본문입니다. 욥과 세 친구의 토론과 논쟁이 중심인 본문이 바로 욥기입니다. 그런데 대한민국 사회도 그렇지만 교회 공동체 안에서도 토론이 잘 안 됩니다. 혹시 교회 공동체 안에서 어떤 이슈를 가지고 토론해 보신 적이 있으신가요? 예를 들면 동성애 문제라든가, 페미니즘 문제라든가, 세월호 문제라든가 이런 문제를 가지고 교회 공동체 안에서 토론해 보신 적이 있으신가요? 아마 거의 없을 것입니다. 도리어 그런 민감한 주제는 교회에서 언급하지 않는 것이 좋다는 정서가 지배적입니다. 각자가 가지고 있는 생각이 토론을 통해서 서로 수정되거나 무엇인가 발전적인 방향으로 나아가는 것이 아니라 대부분은 입장이 다른 사람들끼리 싸움으로 발전할 가능성이 높습니다. 그동안 서로 친했던 사람들이 어떤 주제에 대해 논쟁하고 토론하다가 원수가 되는 경우들이 많습니다. 심지어 교회가 깨지기도 합니다. 그런 의미에서 욥기에 나오는 욥과 세 친구의 모습을 보면서 박수를 쳐주고 싶은 것이 있습니다. 쌍방이 서로 전혀 말이 안 통하는데도 그들은 끝까지 논쟁합니다. 누구 하나 자리를 박차고 나가지 않고 끝까지 말이 안 통하는 상황에서도 계속해서 끝까지 논쟁합니다. 이런 모습을 본받고 싶다는 마음이 듭니다.

우리는 토론을 잘하지 못합니다. 왜 토론을 잘하지 못하냐면 어떤 한 존재와 그 사람이 내뱉는 주장을 구별하지 못하고 동일시하는 경우가 많기 때문입니다. 예를 들면 A라는 사람이 있습니다. A라는 사람이 토론할 때 내뱉는 주장이 있습니다. 그런데 B라는 사람이 A라는 사람의 주장에 대해 반박을 하게 되면 사람들은 B라는 사람이 A라는 사람을 공격했다고 생각합니다. A도 그렇게 생각합니다. 내가 무엇을 주장했는데 어떤 사람이 내 주장에 반박을 하면 내 주장을 반박했다고 생각하는 것이 아니라 나를 반박하고 나를 공격했다고 생각합니다. 그래서 토론이 잘 진행되지 않습니다. 주장과 존재를 구별하지 못하기 때문입니다. 주장을 다르게 한다고 해서 이것이 상대방을 공격하는 것입니까. 상대방을 무시하는 것입니까. 그렇지 않음에도 불구하고 우리가 막상 토론을 하거나 논쟁을 할 때 보면 내 주장에 대해 누군가 반대하면 내 주장을 반대했다고 생각하지 않고 나를 반대했다고 생각합니다. 그래서 반대 의견이 있다 해도 말하지 않는 경우가 많습니다. 그 사람과 관계가 껄끄러워지는 것을 원하지 않기 때문입니다. 사실 토론이나 논쟁이 가능하려면 주장과 존재를 구별해서 이해해야 하는데 우리는 이런 부분에서 훈련이 잘 되어 있지 않습니다.

또 하나 토론과 논쟁이 안 되는 이유가 있습니다. 주장은 매우 강하지만 자기주장을 뒷받침할 만한 논리가 매우 빈약하기 때문입니다. 그래서 몇 번 주장을 하다가 나중에는 목소리가 점점 커지면서 고집만 피우는 경우들이 많습니다. 예를 들면 동성애 문제에 대해서 교회에서 토론을 한다고 생각해 보십시오. 어떤 사람은 동성애를 반대합니다. 어떤 사람은 동성애를 찬성하지는 않지만 반대하는 입장과 조금 다른 입장을 가진 사람이 있을 수도 있고, 어떤 사람은 찬성하는 입장을 가질 수도 있습니다. 그런데 반대하는 사람들 경우에는 대부분 '나는 반대야' 라는 주장만 있지 자신의 주장을 뒷받침 해줄 합리적인 근거들을 잘 제시하지 못합니다. '그건 안 돼' 라는 자기주장만 강한 경우가 대부분입니다.

일제 강점기 때 나혜석이라는 여성 화가가 있었습니다. 그녀는 2남 2녀를 키우면서 '자녀는 부모의 살을 깎아먹는 악마다' 라는 글을 잡지에 실었습니다. 이 글 때문에 난리가 났습니다. 왜냐하면 대부분의 사람들이 생각하는 모성애라는 것이 있습니다. 그리고 여성들에게 그런 모성애를 한국 사회는 강요해 왔습니다. 그런데 나혜석은 출산의 고통과 양육의 괴로움에 대해 글을 쓰면서 '자녀는 부모의 살을 깎아먹는 악마다' 라고 쓴 것입니다. 그런데 나혜석의 글에 대해 다음 달 잡지에 누가 반박의 글을 썼는지 아십니까? 여성들이 반박

글을 썼습니다. 모성애를 가지고 아이에 대해 그렇게 말을 하면 안 된다고 여성들이 반박을 했습니다. 그런데 가만히 보면 그분들도 조선 사회가 가지고 있던 가치관에 세뇌된 피해자라고 할 수 있습니다. 사실은 자기도 너무나 힘든데 그냥 여성이라면 가사노동과 육아에 대한 짐을 당연히 짊어져야 하고 남자가 지시하면 무조건 따라야 된다는 이해를 가지고 살아왔던 것입니다.

그런 여인들과 나혜석이 토론을 하게 되면 누가 그 토론에서 이기겠습니까. 논리 정연한 입장을 가진 사람보다는 목소리가 큰 사람이 이길 가능성이 높습니다. 내가 어떤 주장은 있는데 내 주장을 논리정연하게 설명해 낼 수 있는 근거가 빈약하게 되면 더 목소리를 높이게 되고 더 고집을 피우게 됩니다. 그래서 처음에는 토론으로 시작했다가 나중에는 전투가 되고 전쟁으로 끝나는 경우들이 많습니다. 내가 어떤 주장을 제시할 때 내가 왜 이런 생각을 가지게 되었는지에 대해 자기 논리를 탄탄하게 구축하는 것이 필요하고 상대방의 주장도 경청하는 것이 건강한 토론을 위한 선결 과제가 아닐까 생각합니다.

신앙인들이라면 신정론과 관련된 고민을 많이 하게 됩니다. 신정론은 하나님이 살아계신데 왜 이렇게 이 땅에 악이 넘쳐나고 있는 것인가? 라는 고민입니다. 그리스도교 신앙은 시간을 크게 세 시기로 구분합니다. 우리가 보통 헬레니즘과 헤브라이즘을 구분할 때 헬레니즘은 순환론적인 역사관이라고 하고 헤브라이즘은 직선론적인 역사관이라고 말합니다. 헬레니즘은 전통적으로 윤회 사상으로 시간이 계속 돌고 돈다고 주장합니다. 그래서 전생의 업보에 따라 현세의 내

운명이 결정되는 것이고 현세의 내 삶에 따라서 내세의 운명이 결정된다고 이해합니다. 그리고 돌고 도는 원에서 해탈을 추구합니다. 불교를 상징하는 문양을 보면 수레바퀴입니다. 수레바퀴는 돌고 도는 것을 상징합니다. 헬레니즘이 순환론적 역사관을 갖고 있다면 헤브라이즘은 직선론적 역사 이해를 가시고 있습니다. 시간에 있어 시작이 있고 끝이 있다는 것입니다. 그리스도교 신앙이 말하는 시간은 크게 세 시기로 구분이 됩니다. 태초의 창조, 마지막 종말 그리고 태초와 종말 사이를 역사적 중간기라고 말합니다. 오늘 우리가 살고 있는 이 시기가 역사적 중간기입니다. 태초의 창조와 마지막 종말의 때에는 공통점이 있습니다. 이때는 하나님께서 자신의 전능하심을 유감없이 발휘하십니다. 그러나 역사적 중간기에는 하나님이 그 때 그 때마다 자신의 전능하심을 발휘하시는 것이 아니고 당신의 형상대로 지음 받은 당신의 백성들을 통해서 하나님이 창조하신 우주만물을 다스리기로 작정하셨습니다. 그래서 역사적 중간기에는 하나님의 백성 된 자들의 책임감이 막중해집니다.

이 역사적 사명이 어디에 나옵니까? 창세기 1장 28절에 나옵니다. 하나님이 당신의 형상대로 지음 받은 사람에게 무엇을 명하셨습니까? 이 땅을 잘 돌보고 다스리고 지키라고 명하셨습니다. 역사적 중간기를 살고 있는 신앙인들은 하나님의 살아계심을 자신의 삶을 통해서 증거하고 입증해야 될 책임이 있습니다. 하나님이 우리에게 하나님의 창조 세계를 잘 돌보라는 사명을 맡기셨습니다. 이것을 문화명령이라고 합니다. 창조의 때 하나님께서 우리 인간에게 주신 중요한 사명이 하나 있는데 그것이 바로 문화명령입니다. 그래서 인간은 하나님의 마음으로 이 땅을 돌보고 다스리고 지켜야 합니다.

그런데 현실을 보면 하나님이 지금 세계를 통치하는 것처럼 보이지 않고 악이 이 땅을 지배하는 것처럼 보이는 경우들이 많습니다. 이는 크게 세 가지 이유 때문에 그렇습니다. 첫째, 하나님의 백성들이 하나님으로부터 문화명령을 받았는데 하나님의 백성들의 직무유기로 인해 하나님의 세계 통치를 느끼지 못하는 것입니다. 둘째, 창세기 1장 9절을 보면 하나님이 천지를 창조하실 때 원시바다가 존재합니다. 원시바다가 무엇입니까? 하나님을 대적하는 세력을 상징합니다. 하나님께서 둘째 날 궁창을 만드시고 그 거대한 원시바다를 궁창 위의 물과 궁창 아래의 물로 나누셨습니다. 그리고 셋째 날 무엇을 하십니까. 궁창 아래의 물을 명하셔서 한 곳에 모이라고 하셨습니다. 이 모인 것을 바다라고 합니다. 물이 한 곳으로 모이게 되니까 물에 잠겨 있던 땅이 드디어 드러나게 됩니다.

그런데 역사적 중간기에 하나님의 백성들의 직무유기로 말미암아 한 곳에 모여 있어야 될 원시바다가 다시 범람하기 시작합니다. 하나님께서 '한 곳에 모여라'고 명하셨는데 그 경계를 넘실넘실 넘어오기 시작한 것입니다. 원시바다의 범람으로 인해 하나님의 세계 통치를 느끼지 못하게 되는 것입니다. 셋째, 공중 권세 잡은 사탄의 하수인들에 의해서 우리가 계속해서 패배를 맛보고 있기 때문입니다. 바울 서신을 보면 바울은 사탄이 지금 공중 권세를 잡았다고 말합니다. 여기서 공중은 하늘과 땅의 중간을 말합니다. 하나님은 하늘에 계시고 그의 백성 된 우리들은 땅에 있습니다. 주기도문에서 예수님이 무엇을 기도하라고 하셨습니까? 뜻이 하늘에서 이루어진 것처럼 땅에서도 이루어질 것을 기도하라고 하셨습니다. 그런데 뜻이 하늘에서 이루어졌는데 그것이 땅에 온전히 이루어지지 못하도록 중간에 방해하는 세력이 있습니다. 그것이 바로 사탄입니다.

사탄이 현재 어디에서 활동하고 있습니까? 공중입니다. 바울은 이것을 공중 권세 잡았다고 말합니다. 그리고 사탄의 하수인들이 있습니다. 바울은 사탄의 하수인들을 정사와 권세와 보좌와 주관이라고 말합니다. 공중 권세 잡은 사탄이 이 땅 곳곳에 자신의 하수인들을 심어 놓았습니다. 그 정사와 권세와 보좌와 주관들이 정치, 경제, 사법, 종교, 언론 모든 영역을 장악하는 바람에 이 땅이 하나님의 지상 대리자들이 중심이 아니라 사탄의 하수인들이 이 땅의 모든 권력들을 장악해서 도리어 의롭고 진실하게 살아가려고 하는 하나님의 백성들을 핍박하고 있습니다.

제가 지금까지 드린 설명은 신정론에 대한 신학적인 설명입니다. 왜 우리가 살고 있는 역사적 중간기에 악이 이 땅을 장악한 것처럼 보이는가에 대해서 세 가지 이유를 제시했습니다. 첫째, 하나님이 우리에게 맡기신 문화명령에 우리가 최선을 다해 순종하지 않았기 때문입니다. 우리의 직무유기로 말미암아 이 땅에 악이 창궐하게 된 것입니다. 둘째, 창세기 1장 9절에 하나님이 궁창 아래 있는 원시바다를 한 곳에 모이라고 명하셨는데 역사적 중간기에 하나님의 백성들의 직무유기로 말미암아 한 곳에 모여 있어야 될 바다가 자신들의 경계를 넘어서 넘실넘실 출렁이고 있습니다. 셋째, 공중 권세 잡은 사탄이 이 땅 곳곳에 자신의 하수인들을 심어 놓았기 때문입니다. 그것을 바울은 뭐라고 했습니까? 정사와 권세와 보좌와 주관이라고 했습니다. 정사와 권세와 보좌와 주관의 공통점이 무엇이냐면 다 힘이 있다는 것입니다. 이런 사탄의 하수인들이 이 땅의 모든 영역을 지금 장악하고 있습니다. 그 결과 진실하게 정직하게 거룩하게 정의롭게 살아가고자 하는 하나님의 백성들이 핍박을 받고 고난을 당하고 있습니다. 그래서 우리가 발 딛고 살아가는 현실 속에서는 하나님의 통치가 온전히 이뤄지는 것을 목격하기보다는 마치 사탄이 이 땅을 다스리는 것처럼 보이는 것입니다.

역사적 중간기에는 하나님의 백성 된 신앙인들의 무한책임이 요청됩니다. 예를 들면 하나님은 사랑이라는 것을 우리들이 믿지 않는 자들에게 어떻게 증거 할 수 있겠습니까. 하나님이 하루에 한 번씩 궁창 문을 여시고 '나는 사랑이라'고 말씀 하시나요? 그렇지 않습니다. 하나님이 사랑이심을 믿지 않는 자들에게 증거 하려면 하나님의 백성 된 우리들이 사람들과의 관계에서 정말 사랑 충만한 삶을 살아내야 하는 것입니다. 하나님은 진실하시다, 거룩하시다, 자비로우시다, 정의로우시다는 것을 어떻게 믿지 않는 자들에게 입증할 수 있겠습니까. 하나님의 지상 대리자인 우리들이 하나님처럼 진실하게 정직하게 거룩하게 정의롭게 살아감으로 세상 사람들에게 입증해야 합니다. 이처럼 역사적 중간기에는 하나님의 백성 된 우리들의 무한책임이 요청됩니다. 그런 의미에서 전 세계 많은 종교 가운데 그리스도교 신앙만큼 세계에 대한 무한책임을 요청하는 종교가 없다는 것을 아셔야 합니다.

힌두교나 불교는 개인의 해탈이 중요합니다. 그런데 그리스도교 신앙은 예수 믿고 내가 구원 받는 정도로 끝나는 것이 아닙니다. 예수님이 뭐라고 하셨습니까? '너희는 세상의 빛이다, 너희는 세상의 소금이다, 아버지께서 나를 세상에 보내신 것 같이 나도 너희를 세상에 보낸다, 이 땅을 잘 돌보고 다스리고 지키라'고 말씀하실 정도로 세상에 대해서 무한책임의 자세를 요청하는 종교가 그리스도교입니다. 하나님을 믿는 신자라고 하면서 죽은 다음에 천당 갈 것만 생각하거나 자신이 하나님을 믿는다고 하면서도 우리 가족이나 우리 교회만 잘 되기를 바라는 사람이 있다면 그 사람은 그리스도교 신앙이 무엇인지 잘 알지 못하는 것입니다. 우리가 제대로 그리스도교 신앙을 갖게 되면 내 가족을 넘어 사고하고 하나님의 창조 세계 전체에 걸쳐 사고하고 우리에게 허락된 사명이 무엇인가를 자각하고 그것에 순종하기 위해서 일상에서 실천하게 됩니다. 그런데 오늘 그리스도교가 너무나 샤머니즘적 그리스도교가 되어버렸습니다. 샤머니즘적이라는 것은 자기와 자기 가족의 복만을 추구한다는 것입니다. 원래 그리스도교 신앙은 그것보다 훨씬 범위가 넓고 책임감이 크다는 것을 꼭 기억하셔야 됩니다.

욥은 38장 이후에 하나님의 등장으로 위로를 받습니다. 하나님의 살아계심이 욥에게 궁극적인 위로가 됩니다. 왜 위로가 되었을까요? 욥은 하나님의 부재로 인해서 이 모든 문제가 발생했다고 생각했습니다. 그런데 하나님의 살아계심을 목격하게 된 것입니다. 문제의 해결자가 여전히 존재하고 계시다는 것을 깨닫게 된 것입니다. 하나님의 살아계심 자체가 욥에게는 큰 위로가 되었습니다. 이것은 마치 하박국의 모습과 비슷합니다. 하박국 3장 17~18절을 보겠습니다. 먼저 17절입니다.

비록 무화과나무가 무성하지 못하며 포도나무에 열매가 없으며 감람나무에 소출이 없으며 밭에 먹을 것이 없으며 우리에 양이 없으며 외양간에 소가 없을지라도.

지금 17절의 상황은 절대 빈곤의 상태입니다. 있어야 될 곳에 그어떤 것도 존재하지 않는 것입니다. 그런데 18절에서 분위기가 급반전을 이루게 됩니다.

나는 여호와로 말미암아 즐거워하며 나의 구원의 하나님으로 말미암아 기뻐하리로다.

왜 그렇습니까? 하나님이 어떤 분이십니까? 없는 것을 있게 하시는 분이십니다. 죽은 것을 살아 있게 하시는 분이십니다. 창조자 되신 분이십니다. 창조자 되신 하나님의 존재 자체가 하박국에게 소망을 불러일으키는 것입니다. 지금 나를 둘러싼 현실은 아무것도 존재하지 않는 부재의 상황이지만 여전히 없는 것을 있게 하시고 죽은 것을 살아 있게 하시는 하나님의 존재하심 자체가 하박국에게 새로운 소망을 허락한 것입니다. 욥도 그러합니다. 욥은 "왜 죄를 범하지 않은 나에게 이런 고통과 고난이 임했을까, 무엇인가 하나님의 세계 통치에 문제가 벌어진 것은 아닌가, 하나님이 존재하지 않는 것은 아닌가?"라고 의문을 품었고 하나님의 부재로 인해 절망했던 것입니다.

그런데 여전히 하나님이 살아계시고 그 하나님께서 욥을 심방오시는 것을 경험하면서 욥은 위로를 받습니다. 이것이 신앙의 힘입니다. 상황은 완전히 회복되지 않았지만 하나님의 살아계심과 존재하심 자체만으로 우리는 위로를 얻고 새로운 소망을 가질 수 있는 것입니다.

　여전히 한국의 많은 신앙인들은 신명기 신학에 근거해서 사람들의 성공과 실패를 평가하고 있습니다. 그러나 우리가 고난의 원인을 분석하기보다는 고난 받는 자들과 함께 슬퍼하는 것이 필요합니다. 욥의 세 친구가 처음에는 참 좋았습니다. 일주일 동안은 욥의 비참한 모습을 보면서 그 어떤 말도 하지 못하고 가만히 있었습니다. 그냥 침묵했습니다. 그때는 세 친구가 욥에게 정말 좋은 위로자였습니다. 그런데 일주일이 지난 다음에 친구들은 나름대로 욥을 돕고자 하는 마음으로 "왜 욥에게 이런 고난이 임했을까, 왜 심판이 임했을까, 욥이 무엇을 잘못한 것은 아닐까?"라고 생각했습니다. 그리고 하루 빨리 이 상황을 극복하도록 돕기 위해서 욥에게 회개를 촉구합니다. 이때부터 친구들은 욥을 괴롭히는 자가 되어 버립니다. 좋은 위로자에서 한순간에 찌르는 가시로 바뀌어 버린 것입니다. 때로는 고난의 원인을 분석하는 자가 아닌 성급한 해답을 제시하는 자가 아닌 단지 고난 받는 자들과 함께 슬퍼하는 자로 존재하는 것이 너무도 중요함을 욥기를 통해서 깨닫게 됩니다.

Q 저희 교회 성도님들과 성경을 묵상할 수 있는 방법을 찾다가 하루에 성
경을 한 장씩 읽고 묵상글을 남기는 것으로 최종 결론을 내리고 그렇게
진행하고 있습니다. 이제 욥기를 해야 하는데 어떻게 욥기를 한 장씩 묵상해
야 좋을까요?

A 목사님 교회의 교인들이 정말 대단하시네요. 모든 분들이 하루에
한 장씩 묵상글을 잘 올리고 계십니까?

믿음으로 제가 매일 올리고 있습니다.

A 혹시 목사님만 올리는 것은 아닙니까?

그것은 제가 성경 한 바퀴 다 돌고 나서 확인하려고 합니다.

A 저희 공동체는 일주일에 한 장씩 말씀을 묵상하고 공동체 카페에
올립니다. 그런데 직장 생활하고 가사 노동하면서 하루에 한 장씩 묵
상하고 글을 올린다는 것이 쉽지 않을 것 같습니다.

이제 욥기를 준비해서 올려야 할 차례가 다가오는데 어떻게 하면 좋을지 참 고민입니다.

Ⓐ 목사님께서 먼저 욥기의 중요한 특징을 몇 가지 말씀해 주시면서 성도님들의 묵상을 도울 수 있는 가이드를 제시해 주시면 좋을 것 같습니다.

욥의 친구들의 말도 한 장씩 묵상해도 어려움이 없을까요?

Ⓐ 그럼요. 중요한 것은 욥기의 전체적인 특징을 숙지하고 한 장씩 묵상해야 합니다. 그렇지 않으면 구절에 나와 있는 단어나 표현을 중심으로 자기중심적 해석을 할 가능성이 높아집니다. 목회자가 올바른 묵상을 위한 가이드를 잘 제시하는 것이 무엇보다 중요하다고 생각합니다.

3강

시편

말씀과함께 | 시가서강의

시편

시편은 성문서 가운데 가장 먼저 정경적인 권위를 획득한 책입니다. 누가복음 24장 44절입니다.

또 이르시되 내가 너희와 함께 있을 때에 너희에게 말한 바 곧 모세의 율법과 선지자의 글과 시편에 나를 가리켜 기록된 모든 것이 이루어져야 하리라 한 말이 이것이라 하시고.

예수님의 말씀의 핵심은 성경에 자기를 가리켜 기록된 모든 것이 이루어졌다는 것입니다. 예수님이 공생애 사역을 행하시고 십자가에 처형당하시고 부활하신 때가 주후 20년대 후반에서 30년대 초반입니다. 이때 부활하신 예수님이 제자들에게 44절의 말씀을 하셨습니다. 여기 보면 "모세의 율법"이 나옵니다. 이것이 무엇입니까? 토라입니다. "선지자의 글"은 예언서입니다. 그 다음에 무엇이 나와야 합니까. 성문서가 나와야 합니다. 그런데 성문서는 안 나오고 대신 무엇이 나왔습니까. 시편이 나옵니다. 토라가 하나님의 말씀으로 인정받은 것은 주전 400년경입니다. 예언서가 하나님의 말씀으로 인정받은 것은 주전 200년경입니다. 성문서가 하나님의 말씀으로 인정받은 것은 주후 90년입니다. 예수님께서 누가복음 24장 44절의 말씀을 하실 때는 아직 성문서가 하나님의 말씀으로 인정받기 전입니다. 여기 "모세의 율법과 선지자의 글과 시편"이라고 하는 것은 당시 유대인들이 보고 있던 성경을 말하는 것입니다. 성문서 전체가 아직 정경으로 확정은 안 되었지만 예수님 공생애 당시에 이미 시편은 정경의 권위를 획득하고 있었다는 것을 누가복음 24장 44절을 통해 알 수 있습니다.

구약을 공부할 때 성경이 하나님의 말씀인 이유를 세 가지로 설명을 드렸습니다. 첫째, 토라와 예언서는 하늘에 계신 하나님께서 땅에 있는 사람들에게 직접 또는 간접적으로 선포해주신 말씀이기 때문에 하나님의 말씀이라고 인정을 받는 것입니다. 둘째, 시편은 방향이 완전 반대입니다. 시편은 땅에 있는 사람들이 하늘에 계신 하나님께 올려드린 인간의 찬양, 탄식, 간구입니다. 이것을 우리는 하나님의 말씀이라고 고백합니다. 인간의 말이고 노래이고 탄식인데 어떻게 이것을 하나님의 말씀이라고 고백할까요? 인간의 말이지만 하나님이 경청하시고 열납하시는 것도 하나님의 말씀으로 인정되기 때문입니다. 여기에 해당되는 것이 바로 시편입니다. 셋째, 인간이 인간에게 건네는 인간의 말이지만 거기에 하나님의 뜻이 담겨 있을 때 이것을 우리는 하나님의 말씀이라고 고백합니다. 여기에 해당되는 것이 무엇인가요? 지혜 문학인 잠언, 전도서, 아가입니다. 지혜 문학은 하늘에서 땅으로 주어진 것도 땅에서 하늘로 올려드린 것도 아닙니다. 땅에 있는 사람이 땅에 있는 사람에게 보낸 것입니다. 신약성경에 나오는 많은 서신서도 여기에 해당됩니다. 바울이 로마 교회에 보낸 편지, 에베소 교회에 보낸 편지도 모두 사람이 사람에게 보낸 것입니다. 그런데 우리는 에베소서를 그냥 단순히 바울의 편지라고 말하지 않고 하나님의 말씀이라고 고백합니다. 분명히 사람이 사람에게 보낸 말과 글이지만 그 안에 무엇인가 담겨 있다고 고백하는 것입니까. 하나님의 뜻이 담겨 있다고 고백하는 것입니다.

이처럼 성경이 하나님의 말씀인 이유는 크게 세 가지입니다. 첫째, 하늘에 계신 하나님께서 땅에 있는 사람들에게 직접 또는 간접적으로 선포해주신 말씀이기 때문에 하나님의 말씀입니다. 둘째, 땅에 있는 사람이 하늘에 계신 하나님께 올려드린 인간의 말이지만 하나님이 경청하시고 열납하셨기 때문에 하나님의 말씀입니다. 셋째, 사람이 사람에게 보낸 말과 글이지만 그 안에 하나님의 뜻이 담겨 있기 때문에 우리는 그것을 하나님의 말씀으로 고백합니다. 시편은 하늘에서 땅으로 주어진 것이 아닙니다. 땅에 있는 사람들이 하늘에 계신 하나님께 올려드린 인간의 말이고 인간의 찬양이고 인간의 기도입니다. 그것을 하나님이 경청하시고 열납하신 것입니다.

시편은 구약시대 찬양 모음집입니다. 구약시대 이스라엘 백성들의 찬송가가 시편이라고 생각하시면 됩니다. 시편에 나오는 모든 것은 원래 노래입니다. 시가 아닙니다. 옛날 국어 시간에 배운 고려시대 시조를 생각해 보십시오. 시조는 시임과 동시에 대중가요입니다. 시와 노래가 완전히 구별되게 된 것은 근대 이후입니다. 고려시대까지만 하더라도 시가 그 시대의 노래입니다. 시편을 단순히 '시'라고 생각하기 쉬운데 사실 시편은 성전과 지방 성소에서 불렀던 찬양입니다. 시편은 구약시대의 찬송가나 찬양 모음집이라고 이해하시면 됩니다. 찬양은 곡조가 있는 기도입니다. 우리가 하나님께 올려드리는 기도에 곡을 붙이게 되면 그것이 찬양이 됩니다. 음악적 은사가 있는 분들은 자기가 하나님께 드리는 기도를 한번 녹음을 해보시기 바랍니다. 이후에 그것을 가사로 타이핑을 해보시고 거기에다 곡을 집어넣으면 그것이 바로 찬양입니다. 찬양이라는 것은 원래 곡조가 있는 기도입니다. 시편이 오랫동안 사랑받았던 이유가 있습니다. 분명 다윗의 시인데 마치 내 현실을 노래하는 것처럼 느껴집니다. 지금 내 마음의 상태가 그대로 담겨있습니다. 그래서 나의 기도와 나의 찬양으로 공감이 됩니다. 이로 인해 시편은 오랜 기간 사람들에게 사랑을 받아 왔습니다.

찬양은 곡조가 있는 기도인데 오늘날 우리의 찬양과 기도는 약간의 괴리가 있습니다. 특히 한국 교회는 서구 백인 교회에서 주로 불렀던 찬양을 많이 부릅니다. 단순하게 보자면 백인들이 부르는 찬양과 흑인들이 부르는 찬양은 많이 다릅니다. 백인들은 오랜 세월 동안 강자의 위치에 있으면서 하나님을 찬양하는 노래를 많이 불렀습니다. 그들의 노래는 매우 서정적이고 아름답습니다. 그런데 흑인들의 찬양은 듣기만 해도 눈물이 나는 찬양이 많습니다. 밑바닥 인생들의 탄식, 억울함 등이 담겨 있는 찬양이 많습니다. 그런데 한국 교회는 미국 교회의 영향을 많이 받아서 백인들이 부르는 찬양을 대부분 수입했습니다. 예를 들면 경배와 찬양만 하더라도 대부분 백인들의 찬양을 번역해서 부르지 흑인들의 찬양은 거의 부르지 않습니다.

성경에는 찬양과 관련된 이야기들이 몇 곳에 나옵니다. 출애굽기 15장에 홍해를 건넌 다음에 미리암을 중심으로 한 여인들의 찬양이 나옵니다. 사사기 5장을 보면 가나안과의 전쟁에서 이긴 다음에 드보라의 찬양이 나옵니다. 성경에 나오는 대부분의 찬양들은 그런 찬양이 나올 수밖에 없었던 상황과 배경이 먼저 존재합니다. 쉽게 말하면 이 찬양이 나오게 된 역사성이 있는 것입니다. 그런데 오늘 우리의 찬양에는 역사성도 상황성도 별로 없습니다. 아름답고 서정적이고 추상적인 찬양들이 대부분입니다.

찬양은 곡조가 있는 기도라고 하지 않았습니까. 오늘날 청년들이 무엇 때문에 하나님께 간절히 기도를 드립니까. 청년 실업 문제 때문에 기도하고 과도한 등록금 때문에 기도하고 절망적인 현실 문제로 인해 기도합니다. 요즘 청년들을 소위 N포 세대라고 하지 않습니까. 부모 세대와의 세대 갈등과 젠더 갈등 때문에도 탄식하고 기도하는데 왜 청년부 예배 때 그런 주제와 연관된 찬양은 없을까요? 청년 실업과 관련된 찬양이 없고 N포 세대와 관련된 찬양이 없고 세대 간의 갈등과 관련된 찬양이 없습니다. 청년들이 기도하는 내용은 A인데 청년들이 부르고 있는 찬양을 보면 아무런 상황성도 없고 역사성도 없습니다. A의 기도와 아무런 상관없는 찬양을 계속 부르고 있는 것입니다. 세계에서 유일한 분단국가인 대한민국에서 민족 분단과 관련된 찬양이 없다는 것이 너무 이상하지 않습니까. 교회에서 종종 남북한의 평화와 통일을 위해서 기도하지 않습니까. 그런데 왜 그 기도에 곡조를 붙여서 남북의 분단을 뛰어 넘어서 이 땅에 평화를 세우고 민족의 하나 됨을 허락해 달라는 그런 찬양이 존재하지 않는 것일까요? 영남과 호남의 지역 갈등이라든가 세대 갈등이라든가 전통적인 고부 갈등이라든가 요즘 남성과 여성의 젠더 갈등이라든가 이런 것에 대해 우리가 기도하고 탄식하고 있는데 왜 이런 주제를 담은 찬양은 없는 것일까요?

오늘날 한국 교회에서 부르는 대부분의 찬양을 보면 우리의 기도와 너무 거리가 멀다는 것을 알 수 있습니다. 원래 찬양은 곡조가 있는 기도입니다. 우리 기도에 곡을 붙이면 그것이 찬양이 되는 것입니다. 성경에 나오는 무수한 찬양은 상황성과 역사성이 있는데 오늘 우리의 찬양은 우리의 상황과 아무런 상관이 없는 백인들의 아름다운 찬양을 번역해서 부르는 경우가 너무 많습니다. 저희 공동체에서는 공동체 지체들이 만든 노래를 예배 시간에 함께 부르기도 합니다. 음악적 재능이 있는 분들이 그런 곡들을 많이 만들면 좋겠습니다. 여러분의 기도를 녹음하셔서 거기에 곡을 붙여서 찬양을 만들어 보십시오.

우리가 시편의 내용을 생각할 때 시편에는 하나님을 향한 순수 찬양이 가득할 것이라고 생각하기 쉽지만 실제 시편을 보면 순수 찬양은 별로 없습니다. 사람들은 인생을 살아가면서 하나님이 행하시는 놀라운 일에 대해서는 찬양을 올려드리고 하나님의 침묵에 대해서는 탄식하게 됩니다. 학자들마다 다르긴 하지만 시편의 3분의 1 내지 최대 2분의 1은 탄식시로 분류합니다. 시편에서 가장 많은 분량을 차지하는 내용은 탄식시입니다. 그런 의미에서 시편은 굉장히 정직하다고 볼 수 있습니다. 여러분은 인생을 살아가면서 하나님을 찬양하고 싶은 때가 많으십니까, 아니면 하나님께 원망하고 싶고 따지고 싶고 불평하고 싶을 때가 많으십니까. 아마 후자가 아닐까요. 정말 감사한 것은 우리가 하나님을 향해 탄식할 때에도 하나님은 우리들의 탄식에 귀를 기울여 주신다는 것입니다. 시편에서 가장 많은 분량을 차지하는 것이 탄식시임을 기억하시면 좋겠습니다.

시편에는 몇 가지 중요한 특징이 있습니다. 먼저 시편은 다섯 권으로 되어 있습니다. 그리고 총 150장의 시가 하나로 모여 있으며 저자도 한 명이 아니라 복수의 사람들입니다. 여기서 이런 질문이 나올 수 있습니다. 시편은 왜 다섯 권으로 나뉘어져 있을까요? 세 권도 아니고 여섯 권도 아니고 왜 다섯 권일까요? 그리고 시를 모아 놓았다면 100장을 모을 수도 있고 200장을 모을 수도 있을 텐데 왜 150장을 모아 놓았을까요? 이런 것들이 평소에 궁금하지 않으셨습니까? 먼저 이 부분에 대한 설명을 드리겠습니다. 유대인들이 안식일에 회당에 예배를 드리러 가면 그 예배에서 랍비가 하나님의 말씀을 선포해 줍니다. 그 하나님의 말씀이 무엇입니까? 토라입니다. 토라는 하늘에 계신 하나님께서 땅에 있는 그의 백성들에게 주시는 하나님의 말씀입니다. 하나님의 말씀이 선포된 후에 하나님의 말씀을 들은 백성들은 하나님께 응답을 올려드립니다. 이 응답이 바로 시편입니다. 토라는 하늘에 계신 하나님께서 땅에 있는 백성에게 주신 말씀이고 시편은 땅에 있는 백성이 하늘에 계신 하나님께 올려드린 응답입니다. 그런데 토라가 몇 권입니까? 창세기부터 신명기까지 다섯 권입니다. 따라서 시편도 다섯 권으로 구성된 것입니다. 하나님께서 주신 말씀이 다섯 권이기 때문에 그에 대한 응답도 다섯 권이 되는 것입니다.

그렇다면 왜 시편은 150장일까요? 옛날에는 성경이 워낙 고가의 책이었습니다. 구텐베르크가 인쇄술을 발명하기 전까지 모든 책은 손수 필사했습니다. 필사할 때 양피지나 파피루스에다가 잉크로 써야 하는데 이 모든 재료값이 엄청나게 비쌌습니다. 그리고 글을 필사하는 사람을 고용하려면 이것도 보통 돈이 많이 들어가는 것이 아닙니다. 그래서 옛날 사람들에게 성경은 내가 직접 보는 책이 아니라 랍비가 읽어주면 듣는 책이었습니다. 로마서 10장에 '믿음은 들음에서 난다'는 말씀도 그런 배경에서 나온 것입니다. 옛날 사람들에게 성경은 보는 책이 아니라 듣는 책이었습니다. 말씀을 듣기 위해서는 누군가가 읽어주어야 됩니다. 그러면 누가 읽어줍니까? 랍비가 읽어줍니다. 안식일에 회당에 갈 때마다 랍비가 토라를 읽어준 것입니다. 토라는 다섯 권입니다. 그런데 창세기부터 신명기까지 분량이 많습니다. 안식일에 랍비가 그 토라를 다 읽어주게 되면 얼마나 많은 시간이 걸리겠습니까. 그렇게 하기 어려웠기 때문에 창세기부터 신명기까지 토라를 3년 주기로 나누어서 읽은 것입니다. 이것이 총 몇 개냐면 153개입니다. 유대인의 달력은 음력으로 계산하는데 1년이 51주로 되어 있습니다. 따라서 3년이면 153개가 되는 것입니다. 3년 주기로 토라를 153개로 나누어서 매주 낭독을 한 것입니다.

토라는 하나님이 주신 말씀이고 여기에 대한 인간의 응답이 뭐라고 했습니까. 시편입니다. 토라는 153개로 나누어서 3년 주기로 낭독이 되었습니다. 그렇다면 토라에 대한 응답이 시편이므로 시편도 153개로 구성되어야 하지 않겠습니까. 그런데 시편은 150장으로 구성되어 있습니다. 여기에 대해서 어떤 곳에서도 명쾌한 설명을 얻지 못했습니다. '왜 시편은 153장으로 구성되어 있지 않고 150장으로 구성되었을까?'에 대해 명쾌한 설명을 찾지 못했습니다. 개인적인 생각은 119장이 너무 길어서 아마도 119장을 4주에 걸쳐 나누어서 낭독하지 않았을까 추측합니다.

요한복음 21장을 보면 예수님께서 부활하신 이후에 제자들에게 나타나셔서 그물을 던지라고 명하시는 장면이 나옵니다. 그때 베드로가 순종하는 마음으로 그물을 던진 결과 물고기를 한 배 가득 잡게 됩니다. 베드로가 그물을 끌어 올린 후에 그물에 가득한 물고기를 세어 보니 총 153마리였습니다. 모나미 볼펜의 153이 이 본문에서 영감을 받은 것입니다. 그렇다면 왜 베드로가 잡은 물고기 숫자가 153마리였을까요? 당시 유대교는 초대교회를 하나님이 주신 율법을 저버린 집단이라고 공격했습니다. 그러한 유대교의 공격에 대해 초대교회는 자신들도 하나님이 주신 율법을 소중하게 간직하고 있다고 답변했습니다. 그것이 바로 베드로가 잡은 153이라는 숫자의 의미입니다. 물고기 숫자가 100마리도 아니고 200마리도 아니고 왜 153마리였을까요? 이 153이 어떤 의미가 있다고 했습니까? 랍비들이 3년 주기로 율법을 나누어서 읽을 때 율법을 몇 개로 나누어서 읽었습니까? 153개입니다. 여기 153마리를 잡았다는 말은 초대교회가 하나님이 주신 율법을 저버리지 않고 율법을 그대로 담지하고 있다, 율법을 그대로 받아들이고 있다는 것을 의미합니다. 물고기 153마리는 유대교의 공격에 대한 초대교회의 응답이라고 보시면 됩니다. 안식일에 유대인들은 율법의 말씀을 듣고 시편의 찬양으로 응답했습니다. 율법을 153개로 구분하여 3년간 매주 한개씩 낭독하였다면 시편도 당연히 153장이 모여 있어야 할 것 같은데 150장으로 구성되어 있습니다. 대부분의 시편은 짧은데 유독 119장은 176절까지 있습니다. 성경에서 분량으로 볼 때 가장 긴 장입니다. 따라서 119장은 4번에 걸쳐 나누어서 읽지 않았을까 추측해 볼 수 있습니다.

시편의 저자는 참으로 다양합니다. 150개 시편 가운데 다윗의 시라고 되어 있는 것이 총 73개입니다. 시편 전체에서 거의 절반 정도가 다윗의 시입니다. 150개의 시편 가운데 다윗의 시라고 되어 있는 것이 73개이고, 고라의 시나 아삽의 시, 솔로몬과 모세의 시도 있습니다. 대부분의 성경이 한 명의 저자에 의해 기록되었는데 시편은 매우 다양한 저자들의 시를 함께 모아 놓았습니다. 중요한 것은 시편이 하나님이 주신 토라에 대한 인간의 응답으로 토라와 매우 밀접한 상관관계가 있다는 것을 기억하시면 좋겠습니다.

시편 51장을 보겠습니다. 51장을 보면 위에 표제가 나옵니다. "다윗의 시, 인도자를 따라 부르는 노래, 다윗이 밧세바와 동침한 후 선지자 나단이 그에게 왔을 때"라고 되어 있습니다. 그리고 1절에 "하나님이여 주의 인자를 따라"라는 말씀이 나옵니다. 한글 성경에 표제라고 되어 있는 것을 유대인들은 성경 구절에 포함시킵니다. 51장 같은 경우에는 우리의 1절이 히브리어 성경에는 3절입니다. 왜 그럴까요? 시편 50장과 비교하면 금방 이해가 됩니다. 50장을 보면 "아삽의 시"라는 표제가 나옵니다. 표제는 아래에 나오는 시편의 저자가 누구인지, 어떻게 이 노래를 불러야 하는지, 어떤 역사적인 배경 속에서 이 찬양이 만들어졌는지에 대한 설명을 담고 있습니다. 표제를 통해서 우리는 시편의 내용을 제대로 이해할 수 있는 것입니다. 그런데 50장 같은 경우에는 "아삽의 시"라고 표제에 저자만 나와 있습니다. 이것이 히브리어 성경에는 1절입니다. 그런데 한글 성경에는 이것을 표제로 올린 것입니다. 그리고 시편의 내용부터 우리는 1절이라고 되어 있는데 히브리어 성경에는 아삽의 시가 1절이고 우리의 1절이 2절이 됩니다.

그런데 51장으로 가면 표제가 좀 깁니다. 표제를 보면 "다윗의 시"라고 저자가 누구인지를 알려주고 있고 "인도자를 따라 부르는 노래"로 어떻게 이 찬양을 불러야 하는지에 대해서도 알려줍니다. 여기까지가 히브리어 성경에는 1절입니다. 누가 지었는지, 이 노래를 어떻게 불러야 하는지를 알려주는 것이 1절입니다. 그리고 이 노래가 나오게 된 역사적 배경이 나오는데 이것이 바로 2절입니다. "다윗이 밧세바와 동침한 후 선지자 나단이 그에게 왔을 때"라고 되어 있습니다. 다음에 우리 한글 성경의 1절이 히브리어 성경에는 3절입니다. 이처럼 히브리어 성경과 한글 번역 성경은 시편의 구절에 대한 순서가 조금 다릅니다. 우리가 표제로 따로 빼놓은 것을 히브리어 성경에는 절에 포함시켰습니다. 1절은 보통 저자가 누구인지, 노래를 어떻게 불러야 하는지에 대한 내용을 담고 있고, 2절은 이 찬양이 나오게 된 역사적인 배경이 나옵니다.

150장의 시편 가운데 73개가 다윗의 시입니다. 그중에 하나인 시편 30장을 보겠습니다. 30장을 보면 "다윗의 시, 곧 성전 낙성가"라는 표제가 나옵니다. 그런데 여기서 이상한 것을 하나 찾아보십시오. 성전 낙성식을 할 때 다윗이 그 자리에 있었습니까? 아닙니다. 다윗이 죽은 이후에 솔로몬이 성전을 건축한 것 아닙니까. 그런데 시편 30장의 표제에 "다윗의 시, 성전 낙성가"라고 되어 있습니다. 이것을 과연 다윗이 지은 것이 맞을까요? 물론 이렇게 이야기할 수 있습니다. 다윗이 자신의 아들 솔로몬이 성전을 건축한 후에 낙성식 때 이 노래를 부르라고 미리 만들었다고 주장할 수 있습니다. 그런데 현실적으로 생각할 때 성전 낙성식을 할 때 다윗은 존재하지 않았고 성전 낙성식 때 이 노래를 부르라고 다윗이 미리 지었다고 보는 것도 조금은 무리가 있습니다. 그렇다면 성전 낙성가를 다윗보다는 그 당시의 누군가가 지었을 가능성이 높습니다. 그런데 시편 30장에는 분명히 다윗의 시라고 되어 있습니다.

또 하나 시편 90장을 보겠습니다. 90장은 표제가 뭐라고 되어 있습니까? "하나님의 사람 모세"라고 되어 있습니다. 우리가 시편 90장에서 가장 잘 아는 구절이 10절입니다. "우리의 연수가 칠십이요 강건하면 팔십이라도." 우리에게 너무나 익숙한 구절입니다. 그런데 여기서 이상한 점을 하나 찾아보십시오.

모세는 분명히 이렇게 말하고 있습니다.

우리의 연수가 칠십이요 강건하면 팔십이라도 그 연수의 자랑은 수고와 슬픔뿐이요 신속히 가니 우리가 날아가나이다.

우리가 알다시피 모세는 삼남매 가운데 막내였습니다. 모세 위에 누나인 미리암이 있고 형인 아론이 있지 않습니까. 재미있는 것은 삼남매 모두 같은 해에 죽음을 맞이했다는 것입니다. 이때 미리암의 나이는 125~126세, 아론은 123세, 모세는 120세였습니다. 이러한 사실로 미루어 볼 때 당시 사람들의 평균 수명이 120세 정도라는 것을 알 수 있습니다. 모세가 시편 90장의 저자라면 "우리의 연수가 120년이요 강건하면 130년이라도." 이렇게 말해야 하는 것 아닙니까. 그래야 모세 시대와 맞는 것입니다. 모세가 정말 시편 90장의 저자라면 모세의 시대에 근거해서 우리의 연수가 120년은 된다고 봐야 합니다. 그런데 시편 90장 10절에는 "우리의 연수가 칠십이고 강건하면 팔십"이라고 되어 있습니다. 모세가 지었다고 보기에는 너무 연수가 짧지 않습니까. 그런데 우리가 시편 90장을 모세의 시라고 생각하는 이유는 표제 때문입니다. "모세의 기도"라고 되어 있으니 당연히 이것은 모세가 지은 시라고 생각하는 것입니다.

시편에 나오는 "다윗의 시", "모세의 시"라고 할 때 여기 '의'에 해당되는 히브리어는 '르'입니다. 예를 들면 '다윗의'는 히브리어로 '르 다비드'입니다. '모세의'는 '르 모세'입니다. 이 '르'라는 전치사가 우리말에 '의'로 번역되었음을 알 수 있습니다. 그런데 '르'라는 단어에는 세 가지 의미가 있습니다. 영어로 말하면 하나는 of의 의미가 있고, 다른 하나는 to의 의미가 있고, 마지막으로 for의 의미가 있습니다. "다윗의 시"를 뜻하는 '르 다비드'를 가지고 설명해 보겠습니다. 먼저 '르'를 of로 번역하면 이것은 말 그대로 진짜 다윗이 쓴 시라는 의미입니다. 그런데 '르'라고 하는 단어에는 of의 의미만 있는 것이 아니라 to의 의미도 있습니다. to는 뭐냐면 '다윗에게 바쳐진', '다윗에게 헌정된'이라는 의미입니다. 유대인들은 율법은 모세에게, 예언의 말씀은 엘리야에게, 시편은 다윗에게, 지혜의 말씀은 솔로몬에게 헌정했습니다. 예를 들면 어떤 율법의 조항이 있는데 이 말씀을 하나님께서 누구를 통해 선포한 것인지를 정확하게 알지 못하는 경우에 그 율법의 말씀은 모세에게 헌정을 합니다. 왜 그렇습니까? 율법의 대표는 모세이기 때문입니다. 따라서 그것을 모세에게 헌정하여 모세의 율법이라고 하는 것입니다. 어떤 예언자의 메시지가 있는데 이것을 누가 했는지를 모를 경우에는 엘리야의 말씀으로 헌정하고, 지혜의 말씀은 솔로몬에게, 시편은 다윗에게 귀속시켰습니다. 너무나 좋은 시편이 있는데 저자가 누군지를 모를 경우에는 대부분 다윗에게 헌정하여 다윗의 시라고 하는 것입니다. 이때 '르'는 to의 의미를 갖는 것입니다. 마지막으로 '르'라는 전치사에는 for의 의미가 있습니다. "다윗의 시"에서 '르'가 for의 의미를 갖게 되면 이것은 '다윗을 주인공으로 한 시'라는 의미입니다.

이처럼 "다윗의 시"라고 할 때 여기서 '르'는 세 가지 의미가 있다는 것을 기억해야 합니다. '르 다비드'라고 할 때 첫째는 진짜 다윗이 쓴 것이라는 의미가 됩니다. 둘째는 저자가 누구인지 몰라서 시편의 대표인 다윗에게 헌정한 것이라는 의미입니다. 셋째는 다윗을 주인공으로 한 노래라는 의미입니다. 시편 90장 같은 경우에도 "모세의 기도”라고 되어 있는데 이것이 꼭 모세가 썼다는 의미는 아닙니다. ‘모세에게 바쳐진 기도문’일 수도 있고, ‘모세를 주인공으로 한 기도문’일 수도 있는 것입니다. 그런데 한글 번역에서 ‘르’를 ‘의’로만 번역하다 보니 “다윗의 시”를 우리는 당연히 다윗이 쓴 시로만 이해하게 된 것입니다. 그러나 그렇지 않습니다. 세 가지 의미가 모두 가능합니다. 다윗이 진짜 쓴 것일 수도 있고 다윗에게 바쳐진 것일 수도 있고 다윗을 주인공으로 한 것일 수도 있는 것입니다. 이 세 가지 의미가 있다는 것을 기억하시면 좋겠습니다.

시편의 핵심은 말씀 사랑의 복을 누리라는 것입니다. 시편에서 가장 중요한 장은 1장입니다. 시편은 의인의 길과 악인의 길을 철저하게 구분합니다. 시편의 중요한 특징이 뭐냐면 이분법을 강조한다는 것입니다. 의인의 길이 있고 악인의 길이 있습니다. 이 두 길 사이에서 우리는 매순간 선택을 해야 합니다. 이렇게 철저히 이분법을 강조하는 것이 시편의 중요한 특징입니다. 정리하겠습니다. 왜 시편은 다섯 권으로 구성되어 있는가, 왜 150장의 시를 모아 두었는가에 대해서는 토라와 관계가 있음을 기억하시기 바랍니다. “다윗의 시, 모세의 기도”라고 할 때 우리는 이 ‘의’를 저자 개념으로만 이해합니다. 그래서 “다윗의 시”라는 표제를 보면 당연히 다윗이 쓴 시라고 생각하고 “모세의 기도”라는 표제를 보면 당연히 모세가 한 기도라고 이해합니다. 그러나 ‘의’에 해당되는 히브리어 ‘르’에는 세 가지 의미가 있음을 기억하셔야 합니다. 저자를 뜻하는 것일 수도 있고, 바쳐지고 헌정되었다는 것일 수도 있고, 누구를 주인공으로 한 것일 수도 있는 것입니다.

Q 시편을 읽다 보니까 80장 16절에 "그것이 불타고 베임을 당하며 주의 면책으로 말미암아 멸망하오니"라고 되어 있는데 어떻게 면책이 되었는데 멸망을 받게 되는가요?

A 면책의 의미는 공개적인 자리에서 책망하는 것입니다.

저는 면책특권 할 때 그 면책으로 이해했는데 그 뜻이 아닌 거네요?

A 네. 그 뜻이 아닙니다. 잠언을 보면 "면책은 숨은 사랑보다 낫다"는 말씀이 있습니다. 면책이라고 하는 것은 공개적인 자리에서 책망하는 것입니다.

잠언

말씀과함께 | 시가서강의

잠언

잠언, 전도서, 아가를 지혜 문학이라고 합니다. 잠언의 히브리어 책 제목은 '마샬'입니다. '마샬'은 '비유'라는 뜻입니다. 어떤 인생의 진리를 비유가 담긴 짧은 문장으로 압축해서 설명하는 것이 잠언입니다. 우리말로 잠언은 바늘로 찌르는 말씀이라는 뜻입니다. 어리석은 자들을 깨우쳐 주는 바늘로 찌르는 말씀, 아프지만 의미 있는 말씀이라는 뜻입니다. 일반적으로 한국 교회에서 지혜 문학은 잘 설교되거나 성경공부를 하는 본문은 아닙니다. 목사님들이 주일예배 때 잠언이나 전도서나 아가를 본문으로 설교하는 경우는 많지 않을 것입니다. 한국 교회에서는 지혜 문학이 소외되고 있습니다. 그 이유가 무엇일까요? 한국 교회는 교회 성장을 중시하고 신앙인들은 개인의 구원을 중시합니다. 자기의 구원을 중요시하다 보니 성부, 성자, 성령 삼위 하나님 가운데 누구를 가장 좋아합니까. 성자 하나님을 가장 좋아합니다.

한국 교회가 가장 중요하게 생각하는 절기는 부활절과 크리스마스입니다. 그런데 두 절기 모두 예수님과 연관된 절기입니다. 왜 두 절기를 좋아할까요? 한국 교회는 나의 구원이 주된 관심사이기 때문입니다. 그러다보니 지혜 문학은 자연스럽게 멀리 할 수밖에 없습니다. 지혜 문학에는 교회 성장을 도와줄 수 있는 말씀이 하나도 없습니다. "너희는 가서 모든 족속으로 제자 삼으라"는 마태복음 28장의 말씀이나 세계 각지로 나아가 복음을 전하는 사도행전 같은 본문들이 교회 성장을 도와줄 수 있는 말씀들입니다. 이런 말씀들이 한국 교회에서는 사랑을 받습니다. 그러나 잠언, 전도서, 아가를 아무리 많이 읽어도 교회 성장에 도움이 되는 말씀은 하나도 발견할 수 없습니다. 그리고 지혜 문학에는 우리의 구원을 위한 예수님의 흔적이 전혀 나오지 않습니다. 전도를 강조하는 말씀도 없고 우리의 구원을 위한 말씀도 없습니다. 한국 교회가 중요하게 생각하는 내용들이 지혜 문학에서는 발견할 수가 없습니다.

하지만 지혜 문학은 교회 바깥에 있는 사람들과 대화할 수 있는 접촉점으로 가득한 본문입니다. 쉽게 말하면 신앙을 갖고 있지 않은 사람들도 성경 66권 가운데 가장 쉽게 읽을 수 있는 본문이 잠언, 전도서, 아가와 같은 지혜 문학입니다. 전도서에 나오는 "헛되고 헛되니 모든 것이 헛되도다"는 말씀은 불교 신자들도 '아멘' 할 말씀 아닙니까. 교회를 다니지 않는 사람들조차도 잠언, 전도서, 아가의 내용은 금방 이해합니다. 이처럼 지혜 문학에는 비종교적인 언어가 많습니다. 비종교적인 언어를 사용하는데 그 안에 하나님의 뜻이 담겨 있습니다. 그래서 지혜 문학은 비신자와 소통할 수 있는 본문입니다. 지혜 문학에는 일반은총에 대한 강조가 많습니다. 어떻게 살아야 하는지, 어떤 사람을 친구로 삼아야 하는지, 올바른 성에 대한 입장을 어떻게 가져야 하는지, 이런 것들이 지혜 문학 안에 가득 담겨 있습니다.

신학을 크게 두 가지로 나누면 하나는 구속사 신학이고, 다른 하나는 창조 신학입니다. 그리스도교 역사 이천 년 동안 세계교회가 강조한 것은 구속사 신학입니다. 우리가 아버지로 믿고 있는 하나님이 가장 원하시는 바가 무엇인지, 하나님이 무엇에 가장 마음 아파하시는지에 대해 구속사 신학과 창조 신학은 전혀 다른 주장을 합니다. 먼저 구속사 신학은 우리에게 너무나 익숙한 내용입니다. '하나님은 무엇에 가장 마음 아파하실까?' 라고 했을 때 구속사 신학은 사람들이 하나님을 믿지 못하고 흑암의 권세 가운데 살아가는 것을 가장 마음 아파하신다고 봅니다. 그럼 하나님이 가장 기대하시는 것은 무엇이겠습니까? 그 흑암의 권세 가운데 있던 사람들이 하나님의 백성이 되는 것을 가장 기뻐하신다고 봅니다. 그렇다면 하나님이 가장 기뻐하시는 그 일을 위해서 우리는 무엇을 해야 할까요? 열심히 전도하고 선교해야 합니다. 이것이 바로 구속사 신학입니다. 교회 성장에 이바지 할 수 있는 신학이라고 할 수 있습니다.

반면 창조 신학은 구속사 신학보다 범위가 훨씬 넓습니다. '하나님은 무엇에 가장 마음 아파하실까?' 라고 했을 때 하나님의 형상대로 지음 받은 존귀한 존재가 인간다운 삶을 누리지 못하는 것을 보시면서 하나님은 가장 마음 아파하신다고 봅니다. '그러면 하나님은 무엇을 가장 기뻐하시는가?'라고 했을 때 인간의 존엄성을 상실하고 인간 이하의 삶을 살아가던 존재들이 다시 하나님의 형상다운 존귀함을 회복하는 것을 우리 하나님은 가장 기뻐하신다고 봅니다. 예를 들면 기아에 허덕이던 자들이 배불리 음식을 먹고 노동에 시달리던 아동들이 그 노동으로부터 해방되고 신분제에 의해서 인간 이하 취급 받던 사람들이 인간의 존엄성을 회복하고 가부장제 아래서 신음하던 여성들이 인간의 존엄성을 회복하는 일들을 우리 하나님은 가장 기뻐하신다고 보는 것입니다. 그렇다면 하나님이 가장 기뻐하시는 그 일을 위해서 우리는 무엇을 해야 하겠습니까? 이 땅 위에 인간으로 태어났지만 인간다운 삶을 누리지 못하는 사람이 누가 있는지, 어떻게 그들을 도울 수 있는지에 대해 고민해야 합니다. 이런 실천적 행위를 그동안 교회는 봉사라고 했습니다. 이것도 사실 넓은 의미에서 보면 선교입니다. 선교는 하나님의 뜻을 드러내고 하나님의 뜻을 행하는 것입니다. 과거에 봉사라고 했던 것들을 요즘은 사회 선교라고 부릅니다.

창조 신학에 근거해보면 신앙인들이 하나님이 기뻐하시는 일을 위해서 무엇에 관심을 많이 기울여야겠습니까. 오늘 대한민국 사회에서 하나님의 형상대로 지음 받았지만 인간다운 삶을 누리지 못하는 사람이 누가 있는지, 그들을 우리가 어떻게 도울 수 있는지에 대해 관심을 가질 수밖에 없는 것입니다. 그런데 이런 창조 신학적 관심을 대부분의 목사님들은 좋아하지 않습니다. 교인들이 창조 신학에 올인하게 되면 교회의 구심력이 약해진다고 생각합니다. 옛날에는 시간 날 때마다 교인들이 교회에 왔는데 창조 신학을 강조하게 되면 이제는 세상으로 나아갑니다. 그러면 원심력이 강해집니다. 이것을 목회자들은 불안해 합니다. 그래서 목회자들은 창조 신학보다는 사람들을 교회로 견인할 수 있는 구속사 신학을 좋아합니다.

지혜 문학은 창조 신학에 관심이 많습니다. 하나님을 믿지 않고 우상을 숭배하는 것만 흑암의 권세로 이해하는 것이 아니라 인간으로 하여금 존엄성이 박탈된 상태 속에서 살아가게 만드는 것도 흑암의 권세라고 봅니다. 예를 들면 인도의 카스트 제도에서 불가촉천민들이 있지 않습니까. 수드라 보다 아래에 있는 사람들이 불가촉천민입니다. 이들은 누구나 싫어하는 거칠고 힘들고 위험하고 더러운 일들을 주로 합니다. 이런 사람들에게 "당신들도 하나님의 형상대로 지음받은 존귀한 존재입니다"라고 말하는 것이 창조 신학입니다. 그들을 억압된 현실로부터 해방시켜 주는 것을 하나님이 기뻐하신다고 보고 우리가 그 일에 열심을 다해야 함을 강조하는 것이 창조 신학입니다. 지혜 문학은 이러한 창조 신학에 관심을 기울입니다.

한국 교회가 지혜 문학을 별로 사랑하지 않고 잘 읽지 않는 이유 가운데 하나가 한국 교회는 구속사 신학과 창조 신학 가운데 여전히 구속사 신학에 관심이 많기 때문입니다. 교회 성장에 관심이 많기 때문에 주로 전도와 선교를 강조합니다. 하나님의 창조 세계를 보존하라는 문화명령이나 흑암의 권세 가운데 있는 자들을 도우라는 창조 신학적 관심이 너무나 약합니다. 불신자를 신자 되게 만드는 것을 최고의 목표로 하는 것이 구속사 신학이라면 비인간적인 삶에 처해 있는 자들에게 인간의 존엄한 삶을 회복시켜 주는 것이 창조 신학입니다. 이 두 가지 모두를 하나님은 주목하시고 기뻐하십니다. 따라서 이 두 신학을 균형 있게 선포하고 가르치는 것이 아주 중요합니다.

요한복음 21장 15절을 보면 예수님께서 베드로에게 "내 양을 먹이라"고 하십니다. 여기서 '내 양'은 누구를 가리키는 것일까요? '내 양'은 하나님의 양입니다. 구속사 신학으로만 이해하면 하나님의 양은 교회 안에 있는 신자들을 가리킵니다. 그런데 교회 안에 있는 신자들만 하나님의 양인가요? 그렇지 않습니다. 하나님의 형상대로 지음 받은 모든 사람들이 하나님의 양입니다. 하나님의 통치는 교회 안에서만 일어나는 것이 아닙니다. 오늘날 세계 곳곳에서 하나님의 통치가 현재형으로 진행되고 있음을 우리는 믿어야 합니다. 그리고 성령께서도 교회 안에서만 활동하시는 분이 아니십니다. 하나님의 창조세계 전체에서 성령은 활동하고 계십니다. 이 땅에 있는 모든 생명은 하나님이 친히 창조하신 하나님의 양입니다. 하나님의 형상대로 지음 받은 신자와 비신자 모두가 하나님의 양인 것입니다. 그런 의미에서 하나님의 양이 살아가고 있는 이 세상에 대해서 우리는 관심을 가질 수밖에 없고 그들이 창조된 본래의 모습대로 살아갈 수 있도록 그들을 돕는 일에 열심을 다할 수밖에 없는 것입니다. 그런 의미에서 구속사 신학을 뛰어 넘어서 창조 신학에 대한 관심을 회복하는 것이 무엇보다 중요합니다.

잠언에서 가장 중요한 말씀은 "여호와를 경외하는 것이 지혜의 근본"이라는 말씀입니다. 여기서 '근본'이라는 말은 '시작'이라는 의미입니다. 성경이 말하는 지혜의 삶은 하나님을 경외하는 삶입니다. 하나님을 경외하는 마음으로 인생의 한 걸음 한 걸음을 내딛는 것을 성경은 지혜롭다고 말합니다. 그런데 세상이 말하는 지혜는 그 반대입니다. 출애굽기 1장 10절을 보면 바로는 신하들에게 "우리가 지혜롭게 하자"라고 말합니다. 여기서 바로가 말하는 지혜는 무엇입니까? 자기 앞에 놓인 당장의 위기를 해결하는 것입니다. 자기의 이익을 모색하는 것이고 자기의 조직을 위한 어떤 술수를 만들어내는 것입니다. 이런 것을 세상은 보통 지혜라고 말합니다. 그래서 심지어 조폭들의 집단에서도 지혜로운 사람이 있는 것입니다. 조폭들의 집단에서는 어떤 사람이 지혜로운 사람입니까? 법망을 피해 가면서 많은 사람들의 것을 갈취하는 아이디어를 내는 사람이 지혜로운 사람입니다. 하지만 이 사람의 지혜가 많은 사람을 유익하게 합니까? 많은 사람들을 풍요롭게 합니까? 전혀 그렇지 않습니다. 자기가 속한 조직에는 큰 유익을 제공해 줄지 모르지만 너무나 많은 사람을 괴롭히고 피눈물 나게 만드는 일을 하는 것입니다. 이런 것이 바로 세상에서 말하는 지혜입니다. 세상 지혜의 가장 중요한 특징은 자기 이익 추구적이고 자기 조직 중심적이라는 것입니다. 타인이 어떻게 되는지에 대해서는 전혀 신경 쓰지 않습니다.

그런데 성경이 말하는 진짜 지혜는 전혀 다릅니다. 성경은 "여호와를 경외하는 것이 지혜의 근본"이라고 말합니다. 이런 지혜의 삶을 살았던 인물 가운데 한 사람이 요셉입니다. 보디발의 아내가 요셉을 유혹할 때 보디발의 아내는 이렇게 말합니다. "너하고 나만 입을 닫으면 이것은 아무도 몰라." 그런데 요셉은 "하나님 앞에서 자신이 이런 죄악을 범할 수 없다"라고 단호하게 말합니다(창 39:9). 하나님이 자신의 일거수일투족을 보고 계심을 요셉은 고백했습니다. 그는 삶의 모든 순간마다 하나님의 시선을 의식하면서 살아갔던 것입니다. 이것이 바로 하나님을 경외하는 지혜로운 자의 삶입니다. 하지만 하나님을 경외하는 그 지혜의 삶으로 인해 요셉은 감옥에 가게 됩니다. 성경이 말하는 지혜, 하나님을 경외함으로 행하는 지혜는 나의 이익을 추구하는 것이 아닙니다. 우리가 정직하게 진실하게 거룩하게 살아가게 되면 우리의 삶에 엄청난 이익이 쏟아집니까, 엄청나게 많은 혜택을 누리게 됩니까? 그렇지 않습니다. 도리어 피해 볼 때도 많고 사람들에게 손가락질 받을 때도 많습니다. 하나님을 경외하는 지혜의 삶은 우리의 이익을 추구하는 것과는 상관이 없습니다. 세상이 말하는 지혜라는 것이 철저히 자기 이익 추구적이라면 성경이 말하는 지혜는 하나님을 경외하는 마음으로 인생의 한 걸음 한 걸음을 내딛는 것임을 기억하셔야 합니다. 그러한 참된 지혜를 가질 것을 촉구하는 것이 바로 잠언입니다.

지혜의 책으로는 크게 세 개의 본문이 있습니다. 잠언, 전도서, 욥기입니다. 이 세 개의 본문을 그 내용에 따라 다시 두 개로 나누는데 잠언을 따로 구분하고 전도서와 욥기를 하나로 묶습니다. 잠언은 신명기 신학에 근거하여 지혜를 논합니다. 그런데 욥기와 전도서는 신명기 신학의 인과응보를 거부합니다. 잠언 6장 6절에 보면 게으른 사람에게 "개미한테 가서 지혜를 배우라"고 말합니다. 잠언의 시각이 여기에 잘 나타나 있습니다. 사람이 가난한 이유는 게으르기 때문이라고 봅니다. 누구나 성실하게 노동하게 되면 부자가 된다고 보는 것이 잠언의 입장입니다. 그런데 욥기와 전도서는 삶의 다른 부분을 들추어냅니다. 삶을 열심히 살았음에도 불구하고 가난할 수 있다고 말합니다. 하나님께 순종하는 의인들은 가난한데 하나님을 대적하는 악인들은 승승장구하는 현실이 있음을 폭로합니다. 그것이 전도서와 욥기입니다. 이처럼 잠언과 욥기와 전도서가 모두 지혜를 말하고 있지만 잠언의 지혜는 인과응보에 기반을 둔 지혜를 말하고, 전도서와 욥기는 인과응보가 실현되지 않는 현실을 고발하며 지혜에 대해 말합니다. 같은 지혜의 책이지만 잠언과 욥기와 전도서는 다르다는 것을 기억하시면 좋겠습니다.

잠언은 원래 왕궁에서 왕자들이나 귀족의 자제들을 교육했던 텍스트였을 것으로 봅니다. 어린 자녀들에게 지혜로운 삶을 살 수 있도록 교육했던 책이 잠언입니다. 그런데 지금 우리가 보고 있는 잠언은 해석이 매우 난해합니다. 왜 그럴까요? 혹시 어린아이들이 보는 책 가운데 속담이나 사자성어가 어떻게 유래하게 되었는지에 대해 설명해 놓은 책을 보신 적이 있으신가요? 잠언이 그런 책과 유사하다고 보시면 됩니다. 잠언은 어떤 사건 속에서 나온 지혜의 말씀을 모아 놓은 것입니다. 그런데 지금 우리가 보고 있는 잠언은 어떤 사건 속에서 이 지혜의 말씀이 나오게 되었는지에 대해서는 생략하고 잠언만을 모아 놓은 것입니다. 왜 그것을 생략했을까요? 그 모든 것들을 기술하게 되면 잠언의 분량이 너무 많아지기 때문입니다. 지금의 잠언은 유래하게 된 배경과 사건은 생략하고 맨 마지막의 지혜의 경구만 기록해 놓은 것입니다. 그래서 우리는 어떤 맥락에서 이 지혜로운 말씀이 나오게 되었는지에 대해 알 수가 없습니다. 정확한 배경을 알지 못하기 때문에 잠언의 말씀을 문자 그대로 함부로 적용하게 되면 문제가 될 수도 있습니다. 두 곳을 살펴보겠습니다. 먼저 잠언 13장 24절입니다.

매를 아끼는 자는 그의 자식을 미워함이라 자식을 사랑하는 자는 근실히 징계하느니라.

여러분이 진짜 자녀들을 사랑한다면 매를 아끼지 말라는 것입니다. 이런 잠언이 나오게 된 배경이 있었을 것입니다. 어떤 부모님이 말을 듣지 않는 자녀를 근실히 징계하여 그 자녀를 개과천선시켰다고 보아야 합니다. 그런 배경 속에서 이러한 잠언이 탄생하게 된 것입니다. 그러나 이 잠언의 말씀을 모든 상황에서 모든 대상에게 적용해도 될까요? 그렇지 않습니다. 매를 사용해서 더 큰 부작용이 발생할 수도 있습니다. 다음으로 잠언 23장 13~14절을 보겠습니다.

아이를 훈계하지 아니하려고 하지 말라 채찍으로 그를 때릴지라도 그가 죽지 아니하리라 네가 그를 채찍으로 때리면 그의 영혼을 스올에서 구원하리라.

이 말씀에 아멘하고 자녀들을 채찍으로 계속 때리면 어떻게 되겠습니까. 정말 큰일이 납니다. 성경은 모두가 하나님의 말씀이고 하나님의 말씀은 진리이니 아무리 채찍으로 자녀를 때려도 결코 죽지 않을 거라고 믿고 이 말씀대로 행하는 것이 진정 신앙이 좋은 것일까요? 결코 그렇지 않습니다. 우리가 잠언의 말씀을 대하면서 조심해야 하는 것이 바로 이것입니다. 잠언에 나오는 낱개의 잠언은 모두 특정한 사건 속에서 그 옳음이 인정된 것들입니다. 그러나 이 낱개의 잠언이 모든 상황에 적용될 수 있는 절대적 진리를 가지고 있는가에 대해서는 물음표를 던져야 합니다. 이것이 분명히 어떤 상황에서는 유효했을 것입니다. 그래서 잠언으로 편집이 된 것입니다. 그런데 이것을 모든 상황에 적용하다 보면 문제가 더 심각해 질 수도 있습니다.

어떤 부모님이 말 안 듣는 자녀를 채찍으로 계속 때려서 그 자녀가 새로운 존재로 바뀐 사례도 있지만 그것을 모든 부모가 자녀에게 실천하면 위험할 수 있습니다. 왜 그렇습니까? 매를 많이 맞고 개과천선한 자녀는 워낙 맷집이 좋은 아이입니다. 태어날 때부터 뼈마디가 굵은 아이라 아무리 맞아도 괜찮고 또 금방 회복이 됩니다. 그런데 어떤 아이는 태어날 때부터 허약하고 한 대만 맞아도 기절하는 아이가 있습니다. 따라서 이 말씀을 아무 상황에나 적용하게 되면 매우 위험해질 수 있는 것입니다. 잠언은 지혜의 말씀을 모아놓은 것이지만 어떤 배경 가운데 이것이 지혜의 말씀이 되었는가에 대한 설명이 생략된 채 잠언만 모아 놓았기에 이것을 모든 상황, 누구에게나 함부로 적용하다 보면 때로는 매우 위험해 질 수 있다는 것을 기억하셔야 합니다.

앞에서 언급한 잠언의 두 구절을 문자적으로 적용하는 사람들이 많은 곳이 미국의 바이블 벨트에 거주하는 근본주의자들입니다. 미국에서 대통령 선거를 할 때마다 항상 공화당을 지지하는 미국 남부의 주들이 있습니다. 여기를 바이블 벨트라고 하는데 여기에 근본주의 신앙을 가진 분들이 많습니다. 이들은 성경을 철저히 문자 그대로 믿고 행하고자 합니다. 그런데 아이러니하게도 미국 사회에서 가정폭력이 가장 심각한 곳이 어디냐면 바이블 벨트 지역이라고 합니다. 그 이유가 무엇일까요? 이 지역에 거주하는 사람들은 잠언 13장과 23장을 문자 그대로 아멘으로 믿기 때문입니다. 그래서 자녀들을 사랑한다면 끊임없이 징계하고 훈계해야 한다고 생각하며 그렇게 행합니다. 그렇게 하게 되면 사고가 날 수밖에 없습니다. 잠언의 말씀을 함부로 적용하게 되었을 때 발생할 수 있는 위험성이 여기에 있습니다. 잠언의 말씀을 아무 상황에서나 함부로 적용하는 것은 아주 위험합니다.

하나님의 말씀을 제대로 이해하려면 그 말씀이 나온 배경과 대상을 주목해야 합니다. 예를 들면 너무 음식을 먹지 않아서 건강이 위험해진 사람이 있다고 가정해 보십시오. 이때 여러분은 그 사람에게 가서 뭐라고 조언을 하시겠습니까? 대부분의 사람은 건강하려면 많이 먹어야 된다고 할 것입니다. 그런데 반대로 어떤 사람은 음식을 너무 많이 먹어서 건강이 위험해진 경우가 있다고 한다면 여러분은 그 사람의 건강을 걱정하면서 뭐라고 조언을 하시겠습니까? 건강하려면 음식을 조금 줄여야 한다고 말할 것입니다. 어떤 존재에게 말한 내용만을 놓고 보면 전혀 다른 말을 하고 있습니다. 언제는 건강하려면 많이 먹으라고 했다가 또 언제는 건강하려면 적게 먹으라고 하니 한 입을 가지고 두 말을 한 것 같은 모순이 느껴집니다. 그런데 자세히 보면 그 사람이 말한 것은 전혀 모순되지 않습니다. 상대방의 건강을 걱정하며 조언한 본질은 동일합니다. 왜 이 사람의 말이 모순되지 않느냐면 그 사람의 말을 듣는 대상이 다르고 그 대상이 처해 있는 상황이 다르기 때문입니다. 그래서 두 말 모두 의미가 있고 진심이 담긴 옳은 말입니다.

잠언을 읽고 적용하고자 할 때 조심해야 할 부분이 바로 여기에 있습니다. 지금의 잠언은 지혜의 말만 기록되어 있기에 특정한 대상과 특정한 상황 속에서는 진리의 말씀이었지만 모든 상황 모든 대상에게 잠언의 말을 적용하고자 한다면 때로는 위험한 결과를 만들어낼 수도 있습니다. 그래서 적용에 있어서는 매우 신중하고 조심해야 합니다. 잠언의 말씀이 어떤 상황에서는 진실이지만 모든 상황에서 진실이 되는 것은 아니라는 것을 기억해야 합니다. 무엇보다 여호와를 경외하는 것이 지혜의 근본임을 강조하는 것이 잠언의 목적임을 기억하시고 구체적인 조언과 관련해서는 매우 조심하고 분별하면서 잠언의 말씀을 받으면 좋겠습니다.

시편을 공부하면서 시편의 중요한 특징이 다섯 권으로 구성이 되어 있고 다양한 사람이 저자로 참여하고 있음을 말씀드렸습니다. 잠언도 마찬가지입니다. 잠언을 보면 일곱 개의 표제가 나옵니다. 표제라는 것은 아래에 어떤 내용이 있는가를 설명하는 짧은 문장입니다. 예를 들면 "솔로몬의 잠언"이라는 표제는 그 아래에 나오는 내용이 솔로몬이 말한 잠언을 모아 놓은 것이라는 것을 알려줍니다. 잠언에는 총 일곱 개의 표제가 나옵니다. 그 일곱 개의 표제를 모아서 어느 시점에 지금의 형태로 편집한 것이 잠언입니다. 일곱 개 표제 가운데 세 개는 "솔로몬의 잠언"이라는 표제를 가지고 있습니다. 1장 1절, 10장 1절, 25장 1절을 보면 "솔로몬의 잠언"이라는 표제가 나옵니다. 그 외에도 아굴의 잠언, 르무엘 왕의 잠언, 지혜 있는 자의 잠언 등 일곱 개의 표제가 잠언에 나옵니다. 잠언의 가장 중요한 목적은 자녀들을 하나님을 경외하는 지혜로운 사람으로 양육하는데 있습니다. 그래서 잠언은 교육의 책입니다. 교육의 최종적인 목표가 무엇입니까? 자녀들을 지혜를 갖춘 사람이 되게 하는 것입니다. 잠언이 말하는 지혜는 무엇입니까? 여호와를 경외하는 것입니다. 자녀들이 여호와를 경외하는 지혜로운 자가 되기를 소망하는 것이 잠언의 기록 목적이라고 할 수 있습니다.

그런 의미에서 오늘날 한국 교회에서 신앙을 가진 부모님들이 자녀들을 어떻게 양육하고 있는지를 잠언 말씀을 통해서 돌아보는 것이 중요합니다. 자녀는 부모 신앙의 계승자라고 할 수 있습니다. 하나님께서 신앙의 가정에 자녀들을 허락하실 때 자녀들을 통해서 부모의 신앙이 아름답게 계승되기를 소망합니다. 그런데 오늘 한국 교회 안에 가장 중요한 문제 가운데 하나가 부모의 신앙이 자녀들에게 올바르게 계승되고 있지 못하다는 것입니다. 개인적으로 오늘 한국 교회 안에 50대 이상은 그나마 하나님의 백성으로 살아가고자 하는 열망이 조금은 남아 있다고 봅니다. 그런데 50대 아래 신앙인들에게는 존재를 다해 하나님의 백성으로 살아가고 싶은 간절한 열망이 있는지 생각해 볼 때 저는 그 마음이 윗세대와 비교하면 매우 약하다는 느낌을 받습니다. 50대 이상의 신앙인들의 자녀들에게 과연 부모님의 신앙이 제대로 계승되고 있는지 아닌지를 묻는다면 거의 그렇지 못하다고 답할 수밖에 없는 것이 현실인 것 같습니다. 50~70대의 부모님들은 아직까지 하나님 앞에서 두려운 마음도 있고 하나님의 백성답게 살아가고자 하는 신실한 마음도 있는데 그 부모님들의 신앙이 자녀들에게 거의 계승이 안 되고 있는 것입니다.

왜 이런 안타까운 일들이 일어나고 있는 것일까요? 부모님들은 자신이 기도로 자녀들을 키웠다고 생각할지 모릅니다. 그러나 자녀들은 부모가 자기를 돈의 힘으로 키웠다고 생각합니다. 어린 자녀들이 볼 때 세상에서 하나님보다 훨씬 중요한 것이 돈입니다. 맘몬과 권력입니다. 이런 것들이 대한민국 사회에서 왕 노릇하고 있다는 것을 자녀들은 누구보다 잘 알고 있습니다. 부모님들은 열심히 신앙의 삶을 살아내고 모범적인 삶을 보여주고자 애를 쓰고 있는데 안타깝게도 부모님들의 신앙이 자녀들에게 제대로 계승되지 못하고 있습니다. 그런 의미에서 잠언이 의미가 있다고 봅니다. 잠언은 우리 한 사람 한 사람이 지혜의 사람이 되기를 소망하며 쓰이기도 했지만 잠언은 최종적으로 자녀들이 여호와를 경외하는 지혜로운 자가 되기를 원하는 마음에서 신앙의 계승을 소망하며 쓰였다는 점을 기억하시면 좋겠습니다. 그런 의미에서 "과연 오늘날 우리의 자녀들이 부모들의 신앙을 제대로 계승하고 있는가?, 자녀들이 부모의 신앙 계승자로 살아가고 있는가?"라고 진지하게 질문하는 것이 필요하다고 봅니다.

저는 세 명의 자녀가 있는데 아이들이 태어날 때마다 이런 기도를 드렸습니다.

하나님, 당신의 은혜로 이 아이와 제가 부모와 자녀로 만나게 되었습니다. 그러나 부모와 자녀의 관계로만 둘의 관계가 지속되지 않게 하시고 시간이 지남에 따라서 스승과 제자가 되게 해주시고 좀 더 시간이 지나면 인생을 함께 살아가는 친구가 되게 해주시고 궁극적으로는 하나님 나라의 농지가 되게 해 주십시오.

대한민국 사회를 보면서 정말 안타까운 것이 뭐냐면 부모와 자녀의 관계가 30~40년이 지나도 그냥 부모와 자녀의 관계로만 존재한다는 것입니다. 부모와 자녀라는 관계를 새로운 관계로 질적인 전환을 이루어 내지 못하고 있습니다. 그래서 안타까운 마음을 가지고 단순히 부모와 자녀의 관계를 뛰어 넘어서 스승과 제자가 되고 더 나아가 인생을 함께 살아가는 친구가 되고 더 궁극적으로는 하나님 나라를 더불어 살아가는 동지가 되기를 소망하는 마음을 담아 하나님께 기도를 드렸습니다. 잠언이 우리에게 요구하는 것도 이런 것이라고 봅니다. 하나님을 믿는 신앙 안에서 어떻게 부모와 자녀가 지체가 될 수 있을까? 어떻게 동역자가 될 수 있을까? 잠언은 우리에게 이런 관점을 갖기를 요청하고 있습니다. 여기서 더 나아가 일상의 삶속에서 어떻게 하나님의 백성으로 살아갈 것인가에 대한 여러 지혜를 가르쳐 주고 있습니다. 실천의 맥락에서 잠언은 우리에게 많은 고민거리를 던져주고 있습니다. 오늘 우리는 과연 어떻게 살아야 할 것인가? 욕망이 지배하고 맘몬이 지배하고 있는 대한민국 사회에서 어떻게 살아야 할 것인가? 잠언을 공부하면서 깊은 자기성찰을 해야 합니다.

반세기 전만 하더라도 대한민국 사회에서 생활필수품이 50개 정도였는데 지금은 1,000개가 넘는다고 합니다. 생활필수품이 무엇입니까? 대한민국 사회에서 인간다운 삶을 살기 위해서 꼭 필요한 것을 말합니다. 그런데 그 생활필수품이 지금은 1,000개 이상이라고 합니다. 그 1,000개를 구비하지 못하면 대한민국 사회에서 인간다운 삶을 살아가는 것이 쉽지 않다는 것입니다. 대한민국 사회는 짧은 기간에 엄청난 경제 성장을 이루어 냈습니다. 그래서 부자이긴 하지만 윤리 도덕성을 상실한 졸부들이 많고 '돈이면 다 된다'는 물질만능주의가 이 땅을 지배하고 있기도 합니다. 사람들도 일용할 양식에 만족하거나 감사하지 못하고 더 많은 욕망들로 인해 불평과 불만 가득한 삶을 살아가고 있습니다. 요한일서 2장 16절이 말씀하는 것처럼 육신의 정욕, 안목의 정욕, 이생의 자랑이 왕 노릇하고 있는 것이 전형적인 대한민국 사회의 모습입니다. 이런 사회에서 우리가 어떤 삶을 살아가야 할 것인가에 대해 진지한 질문과 고민을 해야 합니다.

잠언 15장 17절을 보면 이런 말씀이 나옵니다.

채소를 먹으며 서로 사랑하는 것이 살진 소를 먹으며 서로 미워하는 것보다 나으니라.

오래 전에 신문을 읽다가 반지하 생활을 하는 사람들이 100만 명이 넘는다는 것을 알게 되었습니다. 그래서 아내와 이런 이야기를 나눴습니다. "오늘날 대한민국에서 100만 명의 사람들이 반지하 생활을 하고 있다는데 우리도 반지하 생활을 경험해 봐야 되지 않을까?"

라고 이야기를 나눴고 아내와 합의가 되었습니다. 그리고 세 자녀에게도 "엄마, 아빠가 이런 뜻 가운데 반지하로 이사 가려고 하는데 너희들은 어떻게 생각하느냐?"라고 물었고 아이들도 좋다고 대답했습니다. 그래서 우리 가족이 강북구 수유에 있는 전세 1800만 원짜리 반지하 주택으로 이사를 했습니다. 그리고 그곳에서 2년을 지냈습니다. 반지하에서 지낸 2년의 세월 동안 저희 가정은 참으로 행복했습니다. 그때 저는 잠언의 이 말씀이 진리라는 것을 몸으로 체득했습니다. 무엇을 먹는가, 어디에 사는가 보다는 함께 살아가고 있는 이들과 얼마나 서로 사랑하고 신뢰하고 있는가 하는 것이 가정의 행복을 결정하는 것임을 깨달았습니다.

그런데 우리가 발을 딛고 살아가는 대한민국 사회는 우리를 절대 가만히 놔두지 않습니다. 몇 평에 사는가, 어느 지역에 사는가, 무엇을 먹고 사는가에 따라 인생의 행복이 결정되는 것처럼 끊임없이 우리의 의식을 지배하고 남들보다 많은 것들을 소유하지 못한 것에 대해 끊임없이 불평과 불만을 갖도록 만듭니다. 그러나 그렇지 않습니다. 몇 평에 사는지, 어떤 차를 타는지가 우리의 행복을 결정하는 것이 절대 아닙니다. 누구와 더불어 살아가고 있는가가 더 중요합니다. 무엇을 먹는가 보다는 누구와 음식을 먹는가가 더 중요합니다. 이것이 인간의 행복을 결정하는 가장 중요한 요소입니다. 그러나 맘몬이 지배하는 대한민국 사회에서 우리는 정말 중요한 사람에 대한 가치를 점점 상실하고 있습니다. 돈 중심, 욕망 중심적인 삶에 휘둘리고 있습니다. 이에 대해 신앙인들은 깊이 반성해야 합니다.

무엇보다 이 시대 교회가 고민해야 할 중요한 과제가 있다고 봅니다. 돈이 많은 사람은 상관이 없겠지만 대부분 소시민의 삶은 경제적으로 더욱 어려워질 수밖에 없습니다. 이런 상황에서 '적은 돈을 가지고도 보다 행복한 삶을 어떻게 살아갈 수 있을까?'에 대해 교회 공동체가 함께 고민하고 실천해야 한다고 생각합니다. 교회가 단순히 일요일에 2~3시간 모여서 예배드리고 차 마시고 헤어지는 것으로 만족해서는 안 됩니다. 하나님의 말씀에 근거해서 새로운 문화를 만들어 내야 합니다. 대한민국 사회를 지배하고 있는 주류 문화에 질질 끌려 다니는 존재가 아니라 말씀에 근거한 새로운 문화를 창조하고 살아내어 그 새로운 문화가 얼마나 우리를 생기 있게 만들고 행복하게 만드는지를 경험해야 합니다. 그것이 하나님의 통치가 이루어지는 교회의 모습입니다. 안타깝게도 오늘 대부분의 한국 교회는 함께 모여 예배드리는 것 외에는 사실은 대부분의 삶에 있어서 각자 알아서 각개 약진을 하고 있습니다. 그래서 신앙인다운 결혼식 문화도 없고, 자녀 양육 문화도 없고, 먹거리 문화, 놀이 문화도 없습니다. 오늘날 한국 교회는 그리스도교 문화가 없다고 볼 수 있습니다. 이런 현실을 타개하기 위해서는 가정적으로나 교회적으로나 하나님을 경외하는 지혜의 삶을 어떻게 살아갈 수 있을지에 대한 실천적인 고민과 방안들을 모색하는 일이 무엇보다 중요합니다. 그 일을 하기 위해서라도 잠언의 말씀들을 자세히 살펴보는 것이 매우 중요하다고 생각합니다.

Q 새번역 성경을 보면 잠언 22장부터 24장까지 중간에 단락을 30가지로 구분해 놓은 부분이 있습니다. 무엇 때문에 이렇게 했는지 궁금합니다.

A 잠언 22장 22절부터 잠언 24장까지는 애굽 궁중에서 가르치던 교훈의 말과 비슷합니다. 그래서 새번역 성경에는 그것을 구별한 것 같습니다. 강의 때도 말씀드린 것처럼 지혜 문학은 하나님을 믿지 않는 불신자들과도 소통할 수 있는 언어입니다. 고대 근동에서도 나라마다 궁중에서 교육을 위해 만들어 놓은 교과서 같은 책이 있었습니다. 그런데 그 내용이 유사한 것들이 많습니다. 그 중에 하나가 잠언 22장 22절부터 24장까지가 애굽 궁중에서 교육하던 내용과 매우 유사합니다. 어떻게 애굽 궁중에서 교육하던 내용과 잠언에 있는 말씀이 유사할 수 있을까요? 이것이 가능한 이유는 둘 중 하나라고 봐야합니다. 하나는 이스라엘의 잠언이 이집트로 전해졌거나 반대로 이집트에서 사용되던 지혜의 말이 이스라엘로 유입되었다고 봐야 합니다. 잠언의 최종 편집자들이 잠언을 편집할 때 22장 22절부터 24장까지의 내용이 애굽 궁중에서 교육되어진 내용과 너무나 유사하여 그것을 따로 특색 있게 모아 놓은 것이라고 생각됩니다.

Q 사회생활을 하면서 고민하던 것이 두 가지가 있습니다. 하나는 보증에 대한 것입니다. 잠언에 '보증을 서지 말라'는 말씀이 있어서 가까운 사람이 보증을 서 달라고 할 때 어떻게 해야 할지 몰라 난처했던 경험이 있었습니다. 그런데 보증 같은 것은 돈이 없는 사람에게 필요한 것 아닌가요? 그런데 왜 성경은 그것을 금하고 있는지에 대해 궁금했습니다.

다른 하나는 뇌물입니다. 구약에서 뇌물을 받는 사람을 불의한 자로 표현하고 있고 잠언에도 뇌물이 안 좋다는 부분이 세 구절이 있는 것으로 알고 있습니다. 그런데 잠언 17장 8절과 21장 14절에는 '뇌물이 좋은 약이다'라는 식의 말씀도 있습니다. 그래서 회사를 다닐 때도 이 구절 때문에 고민을 많이 했습니다. 이것은 '음식을 많이 먹으면 건강에 좋다 또는 건강에 나쁘다'라는 것과는 다른 것 아닌가요?

A 다른 것은 아닙니다. 말씀드린 것처럼 잠언은 이 말이 어떤 맥락에서 나왔는지를 알 수 없기에 해석하기에 매우 난해한 본문입니다.

그래도 뇌물을 주는 것은 좋은 일이 아닌데 어떤 맥락에서 뇌물은 만사형통하게 하는 것이다, 노를 완화시켜주는 것이라는 말씀이 있는 것이 매우 아이러니합니다.

A 우리가 보통 뇌물이라고 할 때는 자기 이익을 기대하면서 누군가에게 제공하는 선물 같은 개념입니다. 그런데 예를 들면 나를 위해서가 아니라 누군가를 돕기 위해서 누군가에게 선물을 줄 수도 있습니다. 그것도 우리는 뇌물이라고 합니다. 어떤 사람이 지금 재판을 받

고 있는 상황에서 이 사람의 처지가 너무도 딱하고 불쌍해서 이 사람을 도와주기 위해 내가 누군가에게 무엇을 제공하는 것은 나의 이익과는 직접적인 연관은 없지만 이런 것도 표현상으로는 뇌물이라고 합니다. 질문하신 것처럼 잠언은 구체적으로 들어가면 설명하기 어려운 내용들이 매우 많습니다. 보증을 서지 말라는 말씀도 그렇습니다. 그래서 학자들은 그것을 설명하기 위해 다양한 해석을 제시합니다. 예를 들면 보증을 선다는 것은 사업을 한다는 것이고 그 당시 사업을 한다는 것은 이방인과 관계를 맺는 것으로 해석합니다. 그래서 이 말씀은 이방인을 위해서 보증을 서지 말라는 것이라고 해석을 하는데 저는 차라리 잠언의 이 말씀이 어떤 맥락에서 나왔는지를 정확히 알 수 없기 때문에 잠언에 있는 난해한 구절에 대해서 설명을 유보하는 것이 옳다고 생각합니다.

종교 개혁가들의 중요한 원칙이 그것입니다. 성경이 가라는 곳까지 가고 성경이 멈추는 곳에서 멈추는 것입니다. 잠언을 보게 되면 어떤 맥락에서 이 말씀이 나왔는지 우리가 알 수 없는 것들이 많습니다. 그런데 이것을 설명하려다 보면 제가 볼 때 약간 위험해 질 수도 있습니다. 그래서 난해한 구절은 난해한 구절대로 그냥 그대로 받는 것이 가장 올바르지 않을까 생각합니다. 특별히 잠언은 66권 성경본문 가운데 가장 해석하기 난해한 본문입니다. 지혜의 말씀만을 뽑아놓았기 때문에 어떤 맥락에서 이 지혜의 말씀이 탄생하게 되었는지에 대해 우리는 정확히 알 수가 없습니다. 뇌물과 관련해서도 그렇습니다. 어떤 사람은 뇌물 때문에 패가망신한 사람이 있을 수 있었을 것입니다. 그로 인해서 뇌물에 대한 부정적인 지혜의 말씀이 나왔을 것입니다. 반대로 어떤 사람은 뇌물을 바친 것 때문에 잘 된 사람이 있을 수도 있는 것입니다. 너무나 다양한 상황 속에서 지혜의 말씀이 나온 것인데 지금 우리는 그것이 어떤 맥락에서 나온 것인지를 전혀 알 수 없기 때문에 잠언에 나오는 한 말씀을 가지고 모든 상황에 그것을 적용시키려고 하는 것은 조심해야 된다는 것이 제 입장입니다.

전도서

말씀과함께 | 시가서강의

전도서

전도서는 책의 제목만 보면 '전도를 위한 텍스트인가?'라고 생각하기 쉽습니다. 전도서는 히브리어로 '코헬렛'입니다. 코헬렛은 공동체의 지도자, 편찬자, 수집자, 선포자라는 뜻입니다. 코헬렛은 대대로 전해지는 지혜의 말씀을 수집하고 그것을 편찬하여 누군가를 가르치는 사람입니다. 전도서의 히브리어 제목이 코헬렛입니다. 전도서는 잠언과는 다른 주장을 합니다. 잠언은 인과응보에 근거하여 지혜를 말합니다. "네가 열심히 근면성실하게 땀 흘리며 노동하면 부자가 될 수 있어, 그런데 네가 게으르고 방탕하게 살아가면 가난해지는 거야"라고 말하는 것이 잠언입니다. 그런데 전도서는 반대입니다. 인과응보에 대해 문제 제기를 합니다. "의롭게 산다고 해서 정말 잘 살 수 있는 것인가, 성실하게 산다고 해서 부자가 될 수 있는 것인가?"라고 질문을 던지면서 인과응보 논리에 대한 비판적 관점을 드러내고 있는 것이 전도서입니다. 그런 의미에서 전도서는 현실 비판적 본문이라고 말할 수 있습니다. 그래서 전도서 안에는 인과응보가 구현되지 못하는 현실에 대한 비판적 메시지가 많이 있습니다. 이것이 잠언과의 차이입니다.

전도서의 저자는 누구일까요? 한국 교회는 보통 잠언, 전도서, 아가를 솔로몬의 삼부작으로 이해합니다. 교회생활을 오래 하신 분들은 당연히 잠언, 전도서, 아가를 솔로몬이 지은 것이라고 생각하실 것입니다. 한번 볼까요? 잠언 1장 1절을 보십시오. "다윗의 아들 이스라엘 왕 솔로몬의 잠언이라." 여기서 솔로몬을 수식하는 말이 무엇입니까? "다윗의 아들 이스라엘 왕"입니다. 다음으로 아가 1장 1절을 보겠습니다. "솔로몬의 아가라." 아가라는 말은 노래 중의 노래, 최고의 노래라는 뜻입니다. 분명히 아래에 나오는 내용이 솔로몬이 지은 노래 중에 노래임을 말해주고 있습니다. 이처럼 잠언과 아가는 명확하게 '솔로몬의 잠언이다', '솔로몬의 아가다'라고 밝히고 있습니다. 그런데 전도서 1장 1절을 보십시오. "다윗의 아들 예루살렘 왕 전도자의 말씀이라." 전도자가 히브리어로 뭐라고 했습니까? '코헬렛'입니다. 1장 1절을 풀어보면 '다윗의 아들 예루살렘 왕 코헬렛의 말씀'입니다. 그런데 신앙인들은 여기 나오는 코헬렛을 솔로몬이라고 생각합니다. 그렇게 생각하는 이유는 코헬렛을 수식하는 표현 때문입니다. "다윗의 아들 예루살렘 왕"이라는 수식어를 보면서 당연히 여기 나오는 코헬렛이 솔로몬이라고 생각하는 것입니다. 정말 여기에 코헬렛이 솔로몬이 맞을까요?

먼저 '다윗의 아들'이라는 표현으로 인해 코헬렛을 솔로몬이라고 생각해서는 안 됩니다. 우리가 알고 있는 것처럼 다윗에게는 무수하게 많은 아들이 있었습니다. 무엇보다 히브리어에서 '아들'을 뜻하는 '벤'이라는 단어는 혈육적인 아들뿐 아니라 손자, 후손, 다윗의 통치를 받는 백성들까지를 뜻하기도 합니다. 우리는 '다윗의 아들'이라는 표현을 당연히 다윗이 낳은 육신의 아들, 다윗과 부자 관계에 있는 사람이라고 생각하기 쉽지만 히브리어의 '벤'이라는 단어는 아들일 수도 있고 손자일 수도 있고 후손일 수도 있고 심지어 다윗의 통치를 받는 백성일 수도 있습니다.

잠언에서는 솔로몬을 이스라엘 왕이라고 했습니다. 그런데 여기에서 코헬렛을 수식하는 표현이 무엇입니까? '예루살렘 왕'입니다. 만약 이것이 솔로몬을 수식하는 표현이라면 이상하지 않습니까. 솔로몬이 예루살렘 왕입니까. 아닙니다. 솔로몬은 이스라엘 왕입니다. 그런데 전도서 1장 1절에서 코헬렛을 수식하는 표현은 '예루살렘 왕'입니다. 그리고 왕을 뜻하는 히브리어 '멜렉크'는 왕을 뜻하기도 하지만 지도자라는 의미도 있습니다. 그러니까 전도서 1장 1절은 '다윗의 벤, 예루살렘의 지도자 코헬렛'으로도 번역이 가능합니다. 따라서 코헬렛이 꼭 솔로몬을 가리키는 것이라고 볼 수 없는 것입니다.

만약 여기서 코헬렛이 솔로몬을 가리키는 표현이라면 왜 이스라엘 왕이라고 하지 않고 예루살렘 왕이라고 했는지가 의문입니다. 잠언에서는 분명히 "다윗의 아들 이스라엘 왕 솔로몬의 잠언"이라고 하지 않았습니까. 그런데 전도서에서는 이스라엘의 왕이 아니라 예루살렘의 지도자라고 말합니다. 그래서 학자들은 전도서의 저자는 솔로몬이 아닐 가능성이 높다고 봅니다. 또한 전도서 1장 12절에 보면 "나 전도자는 예루살렘에서 이스라엘 왕이 되어"라고 과거형으로 기록하고 있습니다. 현재는 왕이 아니라는 것입니다. 그런데 우리가 알고 있는 솔로몬은 죽을 때까지 왕이었습니다. 물론 여기에서 '왕'이라는 번역을 '지도자'로 이해할 수도 있습니다. 그래서 전도서 1장 12절을 '나는 예루살렘의 지도자였다'고도 번역할 수 있습니다. 문제는 과거에 지도자였지만 현재는 아니라는 것입니다. 그런데 솔로몬은 죽을 때까지 왕이었습니다. 따라서 1장 12절의 표현은 솔로몬과는 맞지 않습니다. 그리고 전도서 1장 16절에도 코헬렛은 자기 이전에 선대왕들이 많이 있었던 것처럼 말합니다. 그런데 여기 코헬렛이 솔로몬이라면 솔로몬 이전에는 사울과 다윗밖에 선대왕이 없었습니다.

다음으로 3장 16절, 4장 1절, 5장 8절을 보면 이스라엘 공동체 안에 재판관들이 자기 역할을 하지 못하는 것에 대한 문제 제기를 합니다. 한마디로 재판관들이 정의로운 판결을 하지 못하고 있다는 것입니다. 그로 인해 많은 백성들이 신음하고 있습니다. 그런데 만약 여기서 코헬렛이 솔로몬이라면 너무 이상하지 않습니까. 궁극적으로 모든 재판의 최종 책임자는 왕인 솔로몬 자신이 되어야 하는 것 아닙니까. 그런데 전도서에서 코헬렛은 이스라엘 공동체 안에서 사법적인 정의가 파괴된 것에 대해 비판하고 있습니다. 솔로몬이 만약 이것을 쓴 것이라면 이런 모든 사법부의 최고 권위자가 자신인데 자신이 이것을 안타까워할 것이 아니라 이 문제를 고치겠다고 의사를 피력

해야 하는 것 아닙니까. 그래서 이 모든 구절들을 종합해 볼 때 많은 학자들은 전도서의 저자는 이름을 밝히지 않은 코헬렛이라고 생각합니다. 한글 성경에도 잠언과 아가 같은 경우에는 '솔로몬의 잠언이다', '솔로몬의 아가다' 라고 명확히 밝히고 있지만 전도서는 솔로몬이라고 하는 저자의 이름을 분명하게 밝히지 않고 있습니다. 한국 교회에서는 잠언, 전도서, 아가를 솔로몬의 삼부작이라고 생각하지만 전도서의 실제 저자인 코헬렛이 누구인지에 대해서는 다른 의견도 있다는 것을 기억하시면 좋겠습니다.

전도서는 프톨레미 왕조 시대 때 이스라엘 공동체에 밀려들어왔던 헬레니즘에 대한 반대가 그 핵심이라고 할 수 있습니다. 프톨레미 시대가 언제냐면 주전 301년부터 198년까지입니다. 알고 계신 것처럼 헬라제국의 알렉산더 대왕이 33세라는 젊은 나이에 죽게 됩니다. 알렉산더가 죽은 다음에 거대한 헬라 제국이 네 개로 나뉘게 됩니다. 그 가운데서 이집트를 중심으로 한 헬라제국을 프톨레미 왕조라고 부릅니다. 그리고 시리아를 중심으로 한 헬라제국을 셀류커스 왕조라고 부릅니다. 알렉산더가 죽은 다음에 이스라엘은 이집트를 중심으로 했던 프톨레미 왕조의 지배를 받습니다. 프톨레미 왕조의 지배를 받았던 주전 301년부터 198년까지 헬레니즘이 이스라엘 공동체 안에 엄청나게 밀려들어오게 됩니다. 원래 이스라엘은 헤브라이즘이라고 하는 세계관을 가지고 있었는데 프톨레미 왕조 때 헬레니즘이라는 세계관이 이스라엘 공동체 안에 물밀듯 들어오게 된 것입니다. 그래서 기존의 헤브라이즘과 새롭게 들어온 헬레니즘 사이에 세계관 투쟁이 일어나게 됩니다. 그 세계관의 투쟁에서 헬레니즘을 반박하고 헤브라이즘을 강조하는 책이 바로 전도서입니다.

욥기에서 욥기 안의 주된 내용이 패러다임의 충돌이라고 말씀드
렸습니다. 원래 이스라엘 공동체가 가지고 있던 보편적 사고는 신명
기 신학입니다. 신명기 신학의 핵심은 인과응보입니다. 그 인과응보
를 대표하는 사람이 욥의 세 친구입니다. 그런데 이방의 압제 가운데
서 인과응보가 적용되지 않는 많은 빈틈이 있음을 사람들이 깨닫게
되었습니다. 전통적인 인과응보를 반박하는 새로운 그룹이 탄생한
것입니다. 그런 사람을 대표하는 자가 누구라고 했습니까. 욥입니다.
그래서 욥기 안에서 욥과 세 친구의 논쟁은 기존의 패러다임과 새로
운 패러다임의 충돌이라고 말씀드렸습니다. 전도서도 그렇습니다.

원래 이스라엘은 헤브라이즘이라는 세계관을 가지고 있었습니다.
그런데 프톨레미 왕조가 이스라엘을 지배할 당시에 헬레니즘이 이
스라엘 공동체 안으로 밀려들어오게 됩니다. 특별히 이스라엘 공동
체 안에서 젊은 세대들이 헬레니즘에 빠져들게 됩니다. 이때 이스라
엘 공동체 안에서 강력한 영향력을 미치게 된 헬레니즘을 반박하고
헤브라이즘을 강조한 것이 바로 전도서입니다. 이방의 압제 가운데
서 이방 사상이 대규모로 유입되고 이방의 문화가 강력하게 이스라
엘 사회에 영향을 미치게 됩니다. 자연스럽게 헬레니즘의 물질숭배
문화인 돈과 번영이 최고라는 사상이 만연하게 된 것입니다. 원래 이
스라엘은 일원론입니다. 그런데 헬레니즘은 이원론입니다. 이런 이
원론의 영향을 받으면서 사람들이 점점 이원론적인 사고를 많이 하
게 된 것입니다. 이런 현상에 대한 문제의식 속에서 헬레니즘을 반박

하는 것이 바로 전도서입니다.

　전도서는 그 해석이 매우 난해합니다. 전도서가 난해한 이유가 무엇일까요? 전도서에서 코헬렛이라는 공동체의 지도자는 헬레니즘 사상을 먼저 언급하고 이어서 헤브라이즘으로 헬레니즘의 사상을 비판합니다. 문제는 비판하기 위해서 헬레니즘을 언급하고 있는데 지금 우리가 가지고 있는 성경에는 인용 부호가 없습니다. 그래서 이것이 코헬렛의 주장인지 아니면 헬레니즘을 비판하기 위해서 인용한 것인지를 정확하게 알 수가 없습니다. 또 인용 부호가 없다 보니 이 주장이 비판을 위해 인용한 헬레니즘의 사상인지 아니면 코헬렛 자신의 주장인지를 정확하게 알기가 어렵습니다.

　신약의 바울서신이 난해한 이유도 동일합니다. 예를 들면 바울은 고린도 교인들이 가지고 있던 어떤 생각을 비판하기 위해서 고린도 교인들의 주장을 먼저 인용합니다. 그리고 이것을 비판합니다. 한글 성경에는 인용 부호가 없습니다. 인용 부호가 없다 보니 이것이 바울이 비판을 위해서 고린도 교인들의 주장을 인용한 것인지 아니면 바울 자신의 주장인지를 정확히 알기가 어렵습니다. 전도서도 그렇습니다. 헤브라이즘이 어떤 사상이고 헬레니즘이 주장하는 바가 무엇인지를 아는 사람들이 전도서를 보면 '이것은 코헬렛이 비판을 위해서 인용한 헬레니즘 사상이다', '이것은 코헬렛이 진짜 말하고자 하는 헤브라이즘의 내용이다' 는 것을 알 수 있습니다. 헤브라이즘이나 헬레니즘에 대한 기본적인 이해가 없는 경우에는 인용 부호가 없다 보니까 비판을 위해서 인용한 헬레니즘의 사상을 마치 하나님의 뜻인 것처럼 받아들일 가능성이 높습니다. 그런 예를 한번 보겠습니다. 전도서 3장 21절입니다.

> 인생들의 혼은 위로 올라가고 짐승의 혼은 아래 곧 땅으로 내려가는 줄을 누가 알랴.

본문은 코헬렛이 비판하기 위해서 인용한 헬레니즘의 주장입니까 아니면 코헬렛이 말하고자 하는 헤브라이즘의 주장입니까. 이런 것을 알기가 쉽지 않다는 것입니다. 그런데 재미있는 것이 21절에 인생들의 '혼'이라고 하는 단어에 각주가 있습니다. 그 각주를 따라 내려가 보면 히브리어로 '영' 이렇게 되어 있습니다. 즉 아래 각주의 말을 위 본문으로 대체해도 된다는 것입니다. 그러면 왜 한글 번역자들이 영이라고 번역하지 않고 혼이라고 번역했을까요? 뒤에 나오는 단어 때문에 그렇습니다. 대다수 그리스도인들은 짐승에게는 영이 없고 혼만 있다고 생각합니다. 그런데 사람에게는 영도 있고 혼도 있다고 봅니다. 이것이 보통 신앙인들이 가지고 있는 인식입니다. 사람은 영도 있고 혼도 있고 육도 있지만 짐승은 영은 없고 혼과 육만 있다고 보는 것입니다.

전도서 3장 21절에 사용된 히브리어 원어는 '루아흐'라는 단어입니다. 루아흐는 한글 번역에서 대부분 '영'으로 번역이 됩니다. 성령을 루아흐라고 하지 않습니까. 그런데 전도서 3장 21절에만 루아흐라는 단어가 '혼'으로 번역이 된 것입니다. 왜 그렇습니까? 루아흐를 일반적으로 번역하는 것처럼 '영'이라고 번역해 보십시오. 그러면 이렇게 번역이 됩니다. "인생들의 영은 위로 올라가고 짐승의 영은 아래 곧 땅으로 내려가는 줄을 누가 알랴." '짐승의 영'으로 번역하게 되면 짐승에게도 영이 있는 것처럼 되어 버립니다. 이것은 신앙인들이 일반적으로 가지고 있는 인식과 맞지 않습니다. 그래서 한글 번역에는 '루아흐'를 '혼'으로 번역하고 대신 각주에다가 히브리어로 '영'이라는 설명을 덧붙인 것입니다. 제가 말하고자 하는 핵심은 3장 21절만 보게 되면 이 주장이 헬레니즘의 주장인지 코헬렛의 주장인지를 정확하게 알기가 어렵다는 것입니다.

결론적으로 말씀드리면 3장 19~20절이 코헬렛이 하고자 하는 주장입니다.

인생이 당하는 일을 짐승도 당하나니 그들이 당하는 일이 일반이라 다 동일한 호흡이 있어서 짐승이 죽음 같이 사람도 죽으니 사람이 짐승보다 뛰어남이 없음은 모든 것이 헛됨이로다 다 흙으로 말미암았으므로 다 흙으로 돌아가나니 다 한 곳으로 가거니와.

본문 19~20절이 코헬렛이 말하고자 하는 헤브라이즘이고 21절은 코헬렛이 비판하고자 하는 헬레니즘의 주장입니다. 헬레니즘은 뭐라고 주장합니까? 인간들의 영은 위로 올라가고 짐승들의 영은 아래로 내려간다는 것입니다. 이렇게 헬레니즘의 주장을 인용한 다음에 코헬렛은 '실제 그러한지를 누가 알 수 있겠느냐'라고 수사 의문문으로 질문하고 있습니다. 헬레니즘의 주장을 인용하고 나서 실제 그러한지를 누가 알 수 있겠느냐고 반문하는 것입니다. 이처럼 헬레니즘의 주장을 반박하기 위해서 인용을 한 것입니다. 그런데 인용 부호가 없다 보니까 이것이 인용을 한 것인지 코헬렛의 주장인지를 명확하게 알기가 쉽지 않습니다. 그래서 전도서를 제대로 이해하려면 헤브라이즘이 어떤 것이고 헬레니즘이 어떤 것인지에 대해 별도의 공부가 필요합니다.

헤브라이즘과 헬레니즘에는 중요한 차이가 있습니다. 헬레니즘이 영과 육으로 나누는 이원론을 특징으로 한다면 헤브라이즘은 영과 육을 일원론적으로 이해한다는 것입니다. 그런데 성경을 믿고 받아들이는 대다수의 한국 교회는 헬레니즘의 지배를 받고 있습니다. 대다수의 한국 교회 목사님들의 메시지와 신앙인들의 가치관을 보면 헬레니즘적 이원론을 토대로 하는 경우가 많습니다. 신앙인들이 하나님의 말씀으로 받아들이고 있는 구약성경은 헤브라이즘에 근거해서 기술되어 있는데 대부분의 신앙인들이 가지고 있는 사고의 토대는 헬레니즘이라는 역설적 상황이 우리 한국 교회 안에 존재합니다. 만약 신앙인들에게 헤브라이즘과 헬레니즘에 대한 이야기를 하게 되면 대부분은 헬레니즘의 주장을 자연스럽게 수용하고 받아들이게 될 것입니다.

예를 한번 들어보겠습니다. 헬레니즘의 핵심은 영육 이원론입니다. 육을 경시하고 영을 중시하는 것이 헬레니즘의 특징입니다. 교회 안에서도 영으로 드리는 예배, 영적 교제 등의 표현을 많이 사용합니다. 헤브라이즘은 영과 육을 나누지 않습니다. 모든 것을 영과 육으로 나누는 헬레니즘에서는 영의 일과 육의 일이 구분이 됩니다. 영으로 충만한 성스러운 장소와 육으로 가득한 부정한 장소도 구분이 됩니다. 예를 들면 신전은 신의 공간으로 성스러운 곳입니다. 신전이 아닌 모든 곳은 인간의 공간으로 속된 곳입니다. 예배와 찬양과 기도는 하나님이 기뻐하시는 거룩한 일이고 성스러운 일입니다. 그 외에 행하는 직장 생활이나 가사 노동은 세상 일이 되고 세속적인 일이 됩니다. 하나님의 집인 거룩한 성전에서 하나님의 일인 예배를 집례하는 목사는 거룩한 하나님의 사람입니다. 그 외에 세상에서 다양한 직업을 가지고 일하는 사람들은 세상일을 하는 세상 사람입니다. 이런 식으로 철저하게 모든 것을 영과 육, 성과 속으로 나누는 것이 헬레니즘입니다.

늦은 나이에 신학대학원에 입학하시는 분들이 이런 말을 자주합니다. "제가 지금까지는 가족들을 먹여 살리기 위해 세상에서 이런저런 일들을 했는데 이제는 하나님의 일을 위해서 신학교에 왔습니다." 이 말은 신앙적으로 볼 때 옳은 말이 아닙니다. 그분이 지금까지 하셨던 다양한 일들은 하나님의 뜻과 상관이 없는 세상일이고 속된 일입니까? 신학교에 와서 목사가 되고 교회에서 사역을 하게 되면 자동적으로 성스러운 사람이 되는 것입니까? 그렇다면 모든 신앙인들이 신학교에 진학하여 목사로서 거룩한 사람이 된 다음에 세상에 나가서 다양한 직업 활동을 하는 것이 옳지 않을까요? 이렇게 목사가 하는 일은 거룩한 하나님의 일이고 그 외의 일들은 세상 사람들이 행하는 세상일이라는 식의 인식이 전형적인 헬레니즘의 사고입니다.

사도 바울이 로마서 12장 1절에서 뭐라고 주장합니까? "너희 몸을 하나님이 기뻐하시는 거룩한 산 제물로 바치라"고 합니다. 헬레니즘에서 몸은 그 자체로 속된 것이고 무가치한 것입니다. 그런데 바울은 '그 몸을 하나님께 산 제물로 바치라'고 말합니다. '너희 정신'을 하나님이 기뻐하시는 거룩한 산 제물로 바치라고 하지 않았습니다. 우리는 로마서 12장을 잘 알고 있기 때문에 이것을 당연하게 생각하지만 그 당시 맥락에서 몸이라고 하는 것이 하나님께 거룩한 산 제물이 된다는 것은 매우 충격적이고 낯선 주장입니다. 몸이라는 것은 속되고 무가치한 것으로서 그 몸을 죽이는 것이 옳은 일인데 바울은 우리의 정신이 아니라 몸을 하나님께 거룩한 산 제물로 바치라고 말하고 있습니다.

시편 3장 4절을 보면 '성산'이라는 표현이 나옵니다. 성산을 영어로 하면 holy mountain입니다. 성산, 즉 '거룩한 산'이라는 말을 듣게 되면 우리는 자연스럽게 그 산 자체를 거룩하다고 생각합니다. 그런데 산 자체가 거룩한 곳이 있다면 우리가 있는 돈 없는 돈 다 끌어 모아서 그 산을 매입하고 그 산으로 이사를 가야 하지 않겠습니까. 그런데 성산은 산 자체가 거룩하다는 것이 아닙니다. 그렇다면 왜 그곳을 거룩한 산이라고 말할까요? 그 이유는 그곳에 거룩한 하나님의 임재가 있고, 하나님의 통치를 갈망하는 거룩한 백성들이 있기 때문입니다. 거룩한 백성들이 있는 곳이 거룩한 산, 성산이 되는 것입니다. 산 자체가 거룩한 것이 아닙니다. 그런데 한글 번역에 '성산'이라고 되어 있으니 우리는 산 자체가 거룩한 것처럼 착각합니다. 절대 그렇지 않습니다. 어디는 거룩한 곳이고 어디는 세속적인 곳이라는 식의 구분은 전형적인 헬레니즘의 사고임을 기억하셔야 합니다.

그렇다면 헤브라이즘의 특징이 무엇일까요? 헤브라이즘은 그 자체로 거룩한 것은 없고 모든 것은 경계 가운데 있다고 주장합니다. 예를 들면 성전은 항상 거룩한 하나님의 집입니까? 그렇지 않습니다. 성전은 거룩한 하나님의 집으로 부름 받은 것입니다. 그런데 현실 세계 속에서 성전은 부름 받은 그대로 거룩한 하나님의 집이 될 수도 있지만 강도의 소굴로 추락할 수도 있습니다. 목사는 거룩한 하나님의 사람입니까? 아닙니다. 목사는 거룩한 하나님의 사람으로 부름 받은 것입니다. 그 부름 받은 사명을 목사들이 망각하면 안 됩니다. 그런데 현실 세계에서 목사는 부름 받은 그대로 거룩한 하나님의 사람으로 살아갈 수도 있지만 삯꾼으로 추락할 수도 있는 것입니다. 이것이 바로 헤브라이즘입니다.

헤브라이즘은 모든 것은 경계 가운데 존재한다고 봅니다. 이것은 성스러운 것이고 저것은 속된 것이라고 구분하거나 이것은 거룩한 일이고 저것은 세속적인 일이라고 그 자체로 구분하지 않습니다. 그런데 헬레니즘은 성과 속, 영과 육으로 모든 것을 구분합니다. 여기가 거룩한 곳이면 여기를 제외한 모든 곳은 속된 곳이 됩니다. 이 사람이 거룩한 사람이라면 이 사람을 제외한 모든 사람은 세상 사람이 됩니다. 이런 식으로 공간과 존재와 일을 철저하게 두 개로 나누어 사고하는 것이 헬레니즘입니다. 이에 반해 헤브라이즘은 모든 것은 경계 가운데 있다고 봅니다. 그 경계선 상에서 하나님이 기대하시는 본래의 모습으로 살아갈 것인지 아니면 하나님의 뜻과 상관없는 추락을 맛볼 것인지에 대해 긴장감을 가지고 깨어 살아갈 것을 요청하는 것이 헤브라이즘입니다. 그런데 많은 신앙인들은 일상의 인식 속에서 헬레니즘이 강조하는 이원론의 지배를 많이 받고 있습니다. 그래서 '짐승은 영이 없다'고 생각합니다. 그런 인식 속에서 전도서 3장 21절에 '짐승의 영'이라는 번역이 부담스럽게 다가온 것이고 그래서 '혼'이라고 번역하고 '영'은 각주에 그 설명을 달아 놓았습니다. 그만큼 한국 교회가 이원론적인 사고에 지배를 받고 있다는 것을 잘 보셔야 합니다.

하나님이 기대하시는 거룩한 삶은 일상 속에서 구현되어야 합니다. 신앙인들에게 하나님께서 간절히 바라고 기대하시는 것은 일상의 순종입니다. 냉철하게 말해서 나 자신에게만 영향을 미치는 종교 행위는 하나님에게 아무런 의미가 없습니다. 개인적으로 큐티를 아무리 열심히 하고 하루에 기도를 10시간씩 한다 해도 그 자체로는 전혀 중요하지 않습니다. 하나님의 말씀과 그렇게 친밀하게 만났으면 세상 속으로 나가서 어떤 삶을 살아야 되겠습니까. 하나님이 원하시는 정직하고 진실하고 거룩한 삶을 살아야 합니다. 하루에 기도를 10시간 한다고 하면서 입만 열면 거짓말이고 입만 열면 사기 친다면 그 10시간의 기도는 도대체 누구와 소통을 한 것인가요? 제가 볼 때는 악령과 소통한 것입니다. 하루에 기도를 몇 시간 하는 것이 중요한 것이 아닙니다. 기도와 찬양과 예배와 같은 종교의식은 기름을 주유하는 것과 똑같습니다. 자신이 기름을 많이 주유한 것이 자랑할 만한 일입니까. 기름을 주유하는 것은 주유 자체에 목적이 있는 것이 아닙니다. 도로에 나가서 쌩쌩 잘 달리기 위해서 기름을 주유하는 것입니다. 주일예배 잘 드리고 집으로 돌아오면서 옆에 있는 운전사에게 폭언이나 하고 끼어들기나 하고 신호위반을 한다면 도대체 거룩한 예배를 드렸다는 것이 무슨 의미가 있습니까? 주일예배를 한번 빠지는 것보다 훨씬 더 큰 죄는 사람들에게 함부로 하는 것입니다. 그것이 훨씬 더 큰 죄입니다.

주일예배에 한번 빠지면 목사님들은 싫어할 것입니다. 그런데 하나님이 보실 때는 주일예배에 빠지는 것보다 사람들에게 함부로 대하고 진실하게 살아가지 아니하고 세속 가치에 휘둘려 이리저리 흔들리며 살아가는 것이 더욱 마음 아프신 일이 될 것입니다. 삶으로 발현되지 않는 것은 신앙이 아닙니다. 내가 아무리 하나님에 대해서 멋진 생각을 많이 하고 올바른 것을 많이 알고 있다고 해도 삶으로 발현되지 않는다면 그것은 관념일 뿐입니다. 그것을 신앙이라고 하지 않습니다. 그 정도의 관념은 귀신들도 다 가지고 있습니다. 야고보서 2장 19절을 보면 "네가 하나님은 한 분이신 줄을 믿느냐 잘하는도다 귀신들도 믿고 떠느니라"는 말씀이 나옵니다. 귀신들도 하나님이 한 분이신 것을 잘 알고 믿고 있습니다. 하지만 귀신들은 하나님께 순종하지 않습니다. 머릿속에만 있는 것은 신앙이 아닙니다. 입술로 고백만 하는 것은 신앙이 아닙니다. 그것은 관념이고 주장입니다. 삶으로 살아내는 그것이 진짜 신앙입니다. 이것이 바로 헤브라이즘입니다.

전도서에서 가장 유명한 말씀은 1장 2절입니다. 이 말씀 때문에 전도서가 허무주의를 주장한다고 생각하는 분들이 계십니다. "전도자가 이르되 헛되고 헛되며 헛되고 헛되니 모든 것이 헛되도다." 여기 '헛되다'를 뜻하는 히브리어는 '헤벨'이라는 단어입니다. 헤벨은 창세기 4장에 나오는 가인에게 죽임 당한 아벨과 비슷한 의미입니다. 헤벨이라는 말을 한글 번역으로 '헛되다'로 번역했습니다. 그런데 원래 헤벨은 '붙잡을 수 없다', '쏜살같이 지나간다'는 뜻입니다. 이 것이 원래 헤벨이라는 단어의 의미입니다. 내 것이라 생각하고 언제 든지 내가 붙잡을 수 있다고 생각했는데 어느 순간 쏜살같이 지나가 서 내가 붙잡을 수 없는 것입니다.

우리의 젊음, 건강, 지성이라는 것을 내 것이라고 생각하기 쉽습니다. 그런데 어느 순간 그것이 우리의 손을 벗어나 버립니다. 저도 대학생 시절을 돌아보면 강의 시간마다 교수님들이 안경을 썼다 벗었다 하는 것을 도저히 이해할 수가 없었습니다. 노안에 대해서 아무리 설명을 들어도 "진짜 그럴까, 어떻게 그럴 수 있지?"라고 생각만 했지 이해가 되지 않았습니다. 그런데 저도 2년 전부터 책을 보는데 글자가 잘 안 보이기 시작했습니다. 내 젊음이라고 생각하고 내가 마음만 먹으면 언제든지 유지할 수 있을 것이라고 생각했는데 그렇지 않습니다. 내 몸인데도 내 마음대로 할 수가 없는 것입니다. 평생 나의 젊음과 건강을 내가 소유할 수 있을 것이라고 생각했는데 어느 순간 쏜살같이 그 모든 것들이 지나가 버린 것입니다. 이것을 헤벨이라고 하는 것입니다. 전도서에 나오는 '헛되고 헛되다'라는 말을 들으면 허무주의를 조장하는 느낌이 드는데 여기서 '헛되다'라는 말은 '내 것으로 붙잡을 수 없다, 너무나 쏜살같이 지나간다'는 의미입니다.

전도서가 강조하는 것은 인생이 영원무궁하지 않다는 것입니다. 인생에는 언젠가 끝이 있습니다. 내 것이라고 생각했지만 내가 붙잡을 수도 없고 쏜살같이 지나가 버리는 인생을 어떻게 살아가야 할 것인가와 관련하여 전도서가 강조하는 것은 두 가지입니다. 하나는 '카르페 디엠'입니다. 오늘을 붙잡으라는 것입니다. 다른 하나는 '메멘토 모리'입니다. 죽음을 기억하라는 것입니다. 오늘을 붙잡으라는 말은 하나님께서 오늘 허락하신 은총의 선물이 있다는 것입니다. 그것을 기쁨 가운데 향유하라는 것입니다. 대부분의 사람들은 오늘 허락된 은총을 향유하기보다는 행복을 항상 미래로 유보시키고 있습니다. 어린아이들과 청소년들은 좋은 대학에 들어갈 때까지 행복을 유예하고, 대학에 들어가게 되면 좋은 직장을 얻을 때까지 행복을 유예하고, 결혼 이후의 사회생활에서는 노년으로 행복을 유예합니다. 그러다 노년이 되어서 편하게 노후생활을 즐기려고 하다 보면 몸이 따라주지를 않습니다. 이것이 대부분 한국 사람들의 모습입니다. '나중에 좋은 곳에 많이 가야지' 하는데 그때는 무릎과 관절이 아파서 걷지도 못하고 '나중에 맛있는 것 많이 먹어야지' 하는데 그때는 치아가 부실해서 음식 맛을 즐기지도 못합니다. 이렇게 행복을 유예하는 사람들에게 전도서는 '카르페 디엠'을 권합니다. 오늘을 붙잡으라는 것입니다.

오늘 하나님께서 허락하신 만남이 있고 그 만남 안에서의 기쁨이 있고 허락하신 선물이 있으니 그것을 마음껏 누리고 향유하라는 것입니다. 그 행복을 뒤로 미루어서는 안 된다는 것입니다. 왜 그렇습니까? 그것은 언제든 내가 내 마음대로 할 수 있는 나의 것이 아니기 때문입니다. 내 것이라고 착각하고 내가 원하는 때에 언제든지 그것을 누릴 수 있을 것이라고 생각하지만 그것은 쏜살같이 내 손에서 빠져나갑니다. 그래서 전도서는 오늘 허락된 은총을 마음껏 누릴 것을 권면합니다. 카르페 디엠이 내 욕구나 욕망을 충족하는 방탕으로 흐르지 않도록 조심하는 것이 필요합니다. 전도서는 우리 인생에 대한 하나님의 최종판단이 있음을 강조합니다. 우리 인생에는 언젠가 끝이 있고 우리가 살아온 인생 여정에 대한 하나님의 최종판단이 있습니다. 그 하나님의 판단과 심판을 기억하면서 오늘 허락된 은총을 마음껏 누리라는 것이 전도서가 말하고자 하는 지혜의 삶입니다. 제가 볼 때 오늘 행복을 미래로 유예시키고 있는 현대인들에게 전도서의 메시지가 너무나 중요하고 필요하다는 생각이 듭니다.

Q 목사님께서 강의를 통해 일원론과 이원론을 설명해 주셨는데 제가 대학교를 다닐 때 워치만 니의 「영에 속한 사람」을 읽고 '영에 속했느냐 육에 속했느냐'와 같은 이야기를 친구들과 많이 나누었습니다. 성경에도 '영에 속했다, 육에 속했다'와 같은 표현들이 나오는데 이것을 어떻게 받아들여야 할까요?

A 개인적으로 워치만 니 사상은 조금 위험하다고 생각합니다. 그런데 워치만 니에 영향을 받은 한국 교회 목회자들이 매우 많습니다. 무엇보다 목사님들은 이원론을 좋아할 수밖에 없습니다. 왜냐하면 이원론을 강조하게 되었을 때 목회자들이 손해 볼 것이 없기 때문입니다. 영육 이원론에 근거하면 목사는 그 자체로 거룩한 사람이 됩니다. 거룩한 하나님의 집에서 거룩한 하나님의 일을 하는 거룩한 사람인 것입니다. 그래서 한국 교회가 헬레니즘의 이원론이 잘못되었다는 것을 알고 있음에도 이원론을 떨쳐내지 못하는 이유 중 하나가 바로 그 점입니다. 마치 인도에서 카스트라는 신분 차별 제도가 사라지지 않는 이유와도 비슷합니다. 카스트의 제일 꼭대기에 누가 있습니까? 종교 지도자들인 브라만들이 있습니다. 만약 카스트라는 계급 제도가 생겨나던 초장기부터 종교 지도자들이 카스트 제도에서 가장

밑바닥에 있었다면 제가 볼 때 카스트 제도는 벌써 사라졌다고 생각합니다. 종교 지도자들이 그것을 순순히 받아들였겠습니까. 그런데 인도에서 그렇게 오랜 세월 카스트 제도라고 하는 것이 철옹성처럼 강력한 힘을 발휘하는 이유는 종교 지도자들인 브라만들이 카스트 제도 안에서 가장 큰 유익을 누리고 있기 때문입니다. 마찬가지로 한국 교회에서 이원론이 뿌리 뽑히지 않는 이유 중 하나도 목회자들에게 이원론적인 주장이 자신들에게 그리 나쁘지 않기 때문입니다. 그런 것을 목사들이 왜 거부하겠습니까.

그런데 헤브라이즘은 일원론입니다. 성경은 '이것은 영의 일이고 저것은 육의 일이다' 라는 식의 구분을 영역적으로 하지는 않습니다. 바울은 고린도전서 10장 31절에서 이렇게 말합니다. "먹든지 마시든지 무슨 일을 하든지 하나님의 영광을 위하여 하라." 이 말씀이 얼마나 놀라운 말씀인지를 아셔야 합니다. 헬레니즘의 세계관에서는 먹고 마시는 일은 육체적인 행위입니다. 그 자체가 속된 행위이고 무가치한 행위입니다. 그런데 바울은 먹든지 마시든지 무슨 일을 하든지 어떤 자세와 태도로 하느냐에 따라서 하나님의 영광이 될 수도 있다는 것입니다. 이것 자체가 헬레니즘 세계관에 대한 저항적 선언입니다. 그런데 안타깝게도 한국 교회가 성경에 나와 있는 일원론적인 헤브라이즘이 아니라 '이것은 영의 일, 저것은 육의 일' 과 같은 이분법적인 사고를 여전히 강조하고 있습니다. 이러한 이원론을 주장하는 주된 그룹 가운데 하나가 목회자라는 사실이 매우 안타깝습니다.

Q 자녀는 부모 신앙의 계승자라는 말씀을 보고 질문하고 싶습니다. 최근 젊은 세대들이 교회를 떠나고 무관심해지는 것을 보면서 청년 중심의 독자적인 청년 교회를 설립하는 움직임이 있는데 이에 대해 어떻게 생각하는지요?

A 저는 개인적으로 반대합니다. 왜냐하면 청년들이 많이 모이는 교회 가운데 제대로 된 교회가 별로 없습니다. 저는 정말 생각 있는 청년들이라면 한국 교회에 오기가 쉽지 않다고 봅니다. 제가 몇 년 전 OO의교회 갱신위에 가서 그런 말씀을 드린 적이 있습니다. 여러분도 한번 정직하게 생각해 보십시오. 저는 옥OO 목사님께서 살아계실 때도 제자훈련을 그렇게 추앙하지 않았습니다. 왜냐하면 제자훈련을 받은 분들 가운데 정말 예수 제자가 잘 보이지 않기 때문입니다. 무엇보다 OO의교회가 오랜 기간 제자훈련을 강조하고 많은 교인들이 제자훈련을 받았는데 오OO 목사 문제가 터졌을 때 문제의식을 가진 사람이 많았습니까 아니면 지금의 종교생활을 유지하기 위해 오OO 목사를 지지한 사람이 많았습니까? 후자가 훨씬 많았습니다. 정직하게 말하면 저는 이것 자체가 제자훈련의 실패라고 봅니다. 그렇게 제자훈련을 강조했지만 결과적으로는 분별력이 없는 사람을 양산해 낸 것입니다. 종교 의식에 중독된 사람들, 교회 사랑에 중독된 사람들만 양산시켰다고 봅니다.

제가 OO의교회 갱신위에 가서 충격을 받은 것이 있습니다. 당시 갱신위에 천 명 조금 넘는 교인들이 모였는데 청년들은 수십 명 밖에 되지 않았습니다. 옳지 않음에 대해서 크게 분노하고 저항해야 할 청년들은 대부분 OO 예배당으로 간 것입니다. 그런데 이런 현상은 다른 교회에서도 발견할 수 있습니다. 교회 안에서 어떤 문제가 드러났을 때 가장 크게 분노하고 변화를 촉구해야 할 사람들이 청년들인데 아이러니하게도 교회 안에서 어떤 문제가 벌어질 때 가장 무관심한 집단이 청년들입니다. 그 교회를 수십 년 다닌 어른들조차도 "이건 정말 잘못 되었어"라고 말하면서 자신들이 누릴 수 있는 많은 것들을 포기하고 개혁 운동에 동참하는데 청년들은 잘못된 사람들과 한 그룹이 되어 행동하는 경우들이 많습니다. 그런 맥락에서 '현재 청년들이 많이 모이는 교회들이 정말 말씀에 근거하여 제대로 청년들을 신앙 안에서 양육하고 있는가?'라고 질문했을 때 '그렇다'라고 답하는 것이 쉽지 않습니다. 청년들이 원하는 찬양 문화, 청년들이 원하는 교제 문화, 청년들이 원하는 예배 문화를 통해서 청년들을 유입하고 있는 것이지 신앙 안에서 이 시대와 맞서 싸울 수 있는 신앙의 결기를 가진 청년들을 키워내고 있다고 말할 수 없습니다.

개인적으로 청년들끼리 모이는 청년 교회는 반대합니다. 가장 중요한 이유가 청년 교회에서 건강한 신앙의 모방이 일어나기 어렵기 때문입니다. 저는 윗세대의 신앙의 삶을 아래 세대가 보고 모방하며 따라가는 것이 가장 건강하다고 생각합니다. 그런데 청년 교회에서 누구의 신앙을 모방할 수 있겠습니까? 저는 한국 교회 안에서 청년부가 약화되기 시작한 것이 1980년대 중반 경배와 찬양 이후부터라고 생각합니다. 경배와 찬양 문화 이후부터 청년부 예배가 독자적으로 드려지게 되었습니다. 1980년대 초만 하더라도 청년들과 어른들이 함께 예배드리고 청년들이 모임을 따로 했지 청년들이 어른들과 구별해서 따로 예배드리지 않았습니다.

그런데 경배와 찬양 이후 청년들이 구름 떼처럼 모이는 것을 목격하게 되었습니다. 이때부터 찬양 문화의 이질성으로 인해 청년들이 따로 예배드리기 시작했습니다. 청년들끼리만 모여 있으니 겉으로 볼 때는 모임이 활기차고 생기가 넘쳐났습니다. 비슷한 또래의 이성들과 함께 있으니 얼마나 좋겠습니까. 사실 청년들은 그 존재 자체만으로도 생기가 넘쳐나는 시기 아닙니까. 그런데 안타까운 것은 청년 공동체 안에서 서로 보고 배울 만한 신앙의 모델이 부재하다는 것입니다. 서로가 비슷한 수준입니다. 저는 그런 의미에서 건강한 교회 공동체는 보고 배울 수 있는 모델이 필요하다고 봅니다. 저희 공동체에서 모든 세대가 함께 예배드리는 이유가 바로 여기에 있습니다. 어린아이들은 이모 삼촌들이 예배드리는 모습을 보고 따라합니다. 젊은이들은 어른들의 모습을 보고 따라합니다.

저는 가급적 예배는 모든 세대가 함께 드려야 한다는 입장을 가지고 있습니다. 모든 세대가 함께 예배드리고 나서 주일 학교 모임을 따로 하는 것이 좋다고 봅니다. 그렇지 않고 예배 자체를 세대별로 따로 드리는 것은 조금 부정적입니다. 예배는 모든 세대가 같이 드리는 것이 좋습니다. 어린 학생들은 자기보다 윗세대가 어떻게 예배드리는가를 보면서 예배드리는 자세와 태도를 배우게 되고 중년 세대는 노년 세대를 보면서 신앙의 굳건함과 신실함에 대해 배워야 합니다. 예배 후에 세대별 모임은 따로 할 수 있지만 예배 자체를 세대별로 나누는 것이 과연 어떤 긍정적인 결과를 만들어 내었는가를 진지하게 고민해야 할 때라고 생각합니다.

Q 잠언이나 전도서 해석이 어려운데 본문을 제대로 이해하기 위해서는 인문학적 소양을 쌓는 것이 필요할까요?

A 맞습니다. 제가 볼 때 전도서를 제대로 이해하려면 헤브라이즘과 헬레니즘에 대한 교육이 필수적일 것 같습니다. 전도서 본문 안에 인용 부호가 없기 때문에 비판을 위한 인용인지, 전도자의 주장인지를 알기 위해서라도 따로 공부하는 것이 필요하다고 생각합니다.

Q 지혜 문학을 보면서 절대적인 의미 부여나 적용은 매우 위험하다고 말씀하셨는데 이것이 맞는 말인가요?

A 맞습니다. 지혜 문학은 토라나 예언서만큼의 권위가 있는 것은 아닙니다. 같은 성경이지만 유대인들은 토라에 가장 큰 권위를 두었고, 그다음은 예언서, 그다음은 성문서입니다. 같은 성경 안에 있다 보니까 잠언에 있는 말씀과 출애굽기에 있는 말씀을 대등하게 생각하기 쉽지만 실상은 그렇지 않습니다. 도리어 지혜 문학에 나와 있는 말씀은 토라와 예언서를 통해서 점검되어야 합니다. 지혜 문학은 그 안에 하나님의 뜻이 담겨 있는 것입니다. 따라서 토라와 예언서를 통해 주신 하나님의 뜻을 명확히 알아야만 지혜 문학 안에 있는 하나님의 뜻을 분별할 수가 있습니다. 지혜 문학에 있는 말씀을 다른 성경 본문과 대등한 가치로 대하는 것은 경계해야 할 태도입니다.

아가

말씀과함께 | 시가서강의

아가

　　시가서의 마지막 본문인 아가를 살펴보겠습니다. 아가는 '노래 중의 노래', '가장 아름다운 노래'라는 뜻입니다. 진정한 사랑을 노래하고 있는 지혜 문학이 아가입니다. 재미있는 것은 유대인들도 자녀들이 미성년자인 경우에는 아가를 가급적 안 읽는다고 합니다. 그 이유는 아가를 읽어보면 아시겠지만 아가 본문 곳곳에 이성의 발가벗은 신체에 대해서 노골적으로 찬미하는 내용들이 나오기 때문입니다. 이것이 매우 은유적으로 되어 있어서 잘 모를 수도 있는데 사실은 굉장히 노골적입니다. 아가는 우리가 생각하는 것 이상으로 19금입니다. 한 남성과 한 여성의 뜨거운 사랑을 노래하고 있는데 그 사랑 안에 매우 뜨거운 육체적인 사랑이 포함되어 있습니다. 육체적인 사랑을 노래하고 있는 지혜 문학이 아가입니다.

아가를 이스라엘 백성들은 유월절에 낭독했습니다. 유월절은 해방절이고 광복절입니다. 이스라엘 백성들에게 가장 중요한 절기라고 할 수 있습니다. 그 중요한 절기에 유대인들이 낭독한 본문이 아가입니다. 하나님께서 이스라엘을 얼마나 사랑하시는지, 하나님과 이스라엘 백성 사이의 사랑 이야기로 아가를 읽은 것입니다. 아가는 문자 그대로 읽게 되면 에로티시즘의 교과서 같은 느낌이 듭니다. 그만큼 아가가 남녀 간의 육체적인 사랑을 노골적으로 묘사합니다. 아가를 읽다보면 '어떻게 이런 내용이 성경에 들어오게 되었지' 라는 질문이 생길 수 있습니다. 그래서 예로부터 아가를 문자 그대로 읽지 않고 유대인들은 하나님과 이스라엘의 사랑 이야기로 읽었고, 신약시대 이후 초대교회에서는 예수님과 교회 공동체의 사랑 이야기로 읽었습니다. 중세시대 수도사들도 아가를 자주 묵상했습니다. 아가에 나오는 남성과 여성의 사랑 이야기를 하나님과 자신의 사랑 이야기로 치환해서 읽었던 것입니다. 아가는 문자 그대로 읽게 되면 노골적인 성에 대한 찬미, 사랑을 노래하는 이야기가 됩니다. 예로부터 아가를 문자 그대로 읽는 것에 대한 부담이 많았습니다. 그래서 자연스럽게 등장한 것이 아가에 대한 은유적인 해석, 풍유적인 해석입니다.

유대인들은 하나님과 이스라엘의 사랑 이야기로, 초대교회는 예수 그리스도와 교회 공동체의 사랑 이야기로, 중세시대 수도사들은 예수님과 자신의 사랑 이야기로 아가를 해석했습니다. 예를 들면 이런 것입니다. 아가를 보면 남자 주인공이 솔로몬이고 여자 주인공이 술람미 여인입니다. 그렇다면 아가에 나오는 솔로몬 왕은 실제는 누구를 가리키는 것인가라고 물었을 때 하나님을 가리킨다고 보는 것입니다. 그렇다면 술람미 여인은 누구를 가리키는 것일까요? 하나님의 사랑을 받는 이스라엘을 가리키는 것이 됩니다. 초대교회는 어떻게 해석했습니까? 아가에 나오는 솔로몬 왕은 예수 그리스도를 가리키고 술람미 여인은 예수 그리스도로부터 사랑을 받는 교회 공동체를 가리키는 것으로 해석했습니다. 이런 해석을 풍유적 해석이라고 합니다. 풍유적 해석에는 중요한 문제가 있습니다. 본문의 주요 인물이 누구인가를 말하는 것은 어렵지가 않습니다. 오늘날도 마찬가지입니다. 교회에서 성경을 해석할 때 대부분 중요한 사건의 주요 인물에 대해 '이것은 사실 하나님을 가리키는 것이다'고 하면 대부분 수긍하고 넘어갑니다. 그런데 본문에 나오는 주변부 인물을 누구로 볼 것인가에 대해서는 해석이 쉽지 않습니다.

아가에서 술람미 여인을 사랑하는 솔로몬 왕이 하나님 또는 예수님이고 술람미 여인은 하나님의 사랑을 받는 이스라엘 또는 교회 공동체라고 해석하면 대부분 수긍을 합니다. 그런데 아가 본문 안에는 술람미 여인의 오빠도 등장합니다. 그렇다면 솔로몬 왕은 예수님이고 술람미 여인은 교회라고 해석할 때 술람미 여인의 오빠들은 교회 오빠를 말하는 것입니까. 이런 것이 말이 안 되는 것입니다. 풍유적인 해석의 단점이 바로 여기에 있습니다. 아가 안에는 예루살렘 여인들도 나오고 솔로몬의 용사들도 나오고 술람미 여인의 오빠들도 나옵니다. 그렇다면 도대체 이 사람들은 누구를 가리키는 것인가를 질문할 때 하나하나 이것은 이것을 말하는 것이고 저것은 저것을 말하는 것이라고 명쾌하게 설명하는 것이 쉽지가 않습니다. 그래서 아가를 해석할 때 자세한 해석은 뛰어넘고 하나님과 이스라엘의 사랑 이

야기, 예수 그리스도와 교회 공동체의 사랑 이야기 정도로만 설명을
많이 합니다.

이런 풍유적인 해석을 하지 않으면 되지 않느냐고 질문할 수 있습니다. 풍유적인 해석을 하지 않고 문자 그대로 해석을 하게 되면 아가가 너무나 노골적인 성에 대한 찬미, 육체적인 사랑에 대한 찬미가 나오기 때문에 부담스러운 것입니다. 그래서 문자 그대로의 해석을 지양하고 하나님과 이스라엘의 사랑 이야기 또는 예수님과 교회 공동체의 사랑 이야기로 해석을 한 것입니다. 아가는 성이라고 하는 것이 하나님께서 인간에게 허락하신 선물이고 그것을 결혼 관계 안에서 마음껏 향유하라고 말하는 지혜 문학임을 기억하시면 좋겠습니다. 결혼이라고 하는 것은 한 존재에게만 온전한 사랑을 쏟겠다는 다짐의 의식입니다. 저는 그런 의미에서 결혼이라고 하는 것은 인간이 할 수 있는 최고의 약속이라고 생각합니다. 자신의 육체적인 본능을 평생 억제하며 살아가겠다는 맹세 아닙니까. 결혼을 통해 한 몸 된 그 존재에게만 배타적인 사랑을 쏟겠다는 것입니다. 동물적인 본능을 뛰어 넘어서 다른 어떤 이성에게 한 눈 팔지 않고 한 존재에게만 나의 배타적인 사랑을 쏟겠다는 것입니다.

이처럼 결혼식에서 다짐과 맹세는 인간이 할 수 있는 최고의 약속으로 너무나 엄중하고 신성한 결단이라고 생각합니다. 결혼 관계 안에서 누리게 되는 하나님의 선물로써 성을 잘 향유하기 위해서라도 진정 내가 온전히 사랑할 수 있는 짝을 만나는 것이 중요합니다. 창세기를 공부할 때 그런 말씀을 드렸습니다. 모든 배우자는 다 돕는

배필입니다. 돕는 배필의 첫 번째 의미가 뭐라고 했습니까? 반대하며
돕는다는 것입니다. 돕는 배필의 사명을 온전히 감당하기 위해서라
도 내 자신 스스로가 하나님의 말씀으로 충만해지는 것이 중요합니
다. 내 자신 스스로가 하나님의 뜻에 대한 온전한 분별력을 가질 때
만 배우자가 잘못된 생각이나 행동을 하게 되는 경우에 그를 말씀으
로 도울 수 있는 것입니다. 이 땅의 모든 남편과 아내는 서로에게 돕
는 배필로 부름 받은 것입니다. 그래서 저는 결혼식을 이렇게 정의합
니다. "결혼식은 인생의 스승을 맞이하는 의식이다."

　저는 목사이지만 한 번도 장례 예식을 집례하지 않았습니다. 개인
적으로 장례 예배라는 표현은 잘못되었다고 봅니다. 장례 예배보다
는 장례 예식이라는 표현이 더 바른 것이 아닌가라는 생각을 갖고 있
습니다. 저는 신학대학교에 처음 입학했을 때부터 이런 생각을 했습
니다. 왜 목사가 항상 장례를 집례해야 하는가? 왜 목사가 결혼식 주
례를 해야 하는가? 저는 목사의 일차적인 사역은 말씀 선생이라고
봅니다. 그런데 오늘날 목회 사역이 관혼상제 서비스업으로 전락했
습니다. 장례 예식에서도 꼭 목사의 설교가 필요한 것인지에 대해서
의문이 있습니다. 장례 예식을 고인과 가장 가까웠던 사람이 집례하
고 고인과 관계 맺었던 분들이 한마디씩 추억과 소회를 나누면 더 좋
지 않을까 하는 생각입니다. 오랜 세월 목사가 결혼식 주례를 하고
장례식에서 집례와 설교를 하는 문화가 형성되다 보니 오늘날 그것
을 당연한 것으로 이해합니다. 대다수의 목사님들은 장례 예배를 집
례하는 것을 포기하지 않을 것입니다. 장례 예배를 잘 집례하면 그
가족들이 교회에 오고 평생 그 목사에게 고마움을 표현하기 때문입

니다. 그래서 목사가 가장 크게 정성을 쏟는 것 가운데 하나가 장례 예배입니다.

저도 그것을 모르는 바가 아닙니다. 그러나 제 신학적 소견에 근거하여 장례식에 예배라는 말을 붙이는 것에 대해 문제의식이 있습니다. 마찬가지로 돌 예배도 반대하고 개업 예배도 반대하고 취임 예배도 반대합니다. 오늘날 예배라고 하는 표현을 너무 쉽게 아무데나 갖다 붙이고 있는데 저는 그것이 옳지 않다고 봅니다. 저희 공동체에서는 지체의 가족이 돌아가시게 되면 모든 지체들이 마음 아파하고 함께 조문하고 위로합니다. 그러나 따로 장례 예배를 드리지는 않습니다.

또 하나 생각해 볼 것은 장례 예배의 횟수입니다. 보통의 장례식에서 목사님들은 최소 다섯 번 정도의 예배를 집례합니다. 임종 예배, 위로 예배, 입관 예배, 발인 예배, 화장터에서의 예배, 장지에서의 예배, 장례식이 끝난 이후에 또 한 번의 위로 예배 등 많은 예배를 집례합니다. 그런데 장례식에서 드려지는 예배마다 성경적인 근거가 있는 것인가요? 자세히 보면 전통적으로 우리나라 사람들이 장례를 할 때 중요하게 생각했던 모든 의식에 예배라는 이름을 붙여서 행하고 있는 것입니다. 그리스도교 신앙에 근거해서 장례 예식에 대한 좀 더 근원적인 고민들과 새로운 장례 문화가 탄생되었으면 하는 바람이 있습니다.

저는 결혼식을 자기 인생의 스승을 맞이하는 의식이라고 생각합니다. 그래서 결혼을 할 때 자기보다 좀 더 나은 배우자를 선택해야 합니다. 나보다 좀 더 깨어 있는 사람, 나보다 좀 더 하나님을 사랑하는 사람을 배우자로 맞이하는 것이 옳다고 봅니다. 무엇보다 하나님이 짝지어 주신 짝을 잘 만나야 합니다. 제가 이렇게 이야기를 하면 청년들은 '그 사람이 하나님이 짝지어 주신 짝인지를 어떻게 알 수 있는지'에 대해 질문을 많이 합니다. 저는 이렇게 생각합니다. 어느 순간에 나의 마음을 사로잡는 이성이 있습니다. 이 사람이 정말 하나님이 짝지어 주신 짝인지, 내가 인생의 스승으로 모실만한 사람인지를 어떻게 알 수 있을까요? 좋아하는 이성을 발견하게 되면 그 사람에게만 주목하게 됩니다. 저는 그 순간에 자기 상태를 점검해야 한다고 봅니다. 내가 누군가가 너무 좋을 때 나의 육체적인 상태, 나의 정신적인 상태, 나의 신앙적인 상태를 점검해야 합니다. 내가 육체적으로 가장 건강하고 정신적으로도 가장 깨어있고 하나님과의 관계에서도 가장 좋은 순간에 내 마음을 사로잡는 이성이 있다면 그 사람은 하나님이 짝지어 주신 짝이라고 저는 확신합니다. 그런데 지금 내 자신의 상태가 육체적으로도 쇠약하고 정신적으로도 좀 혼미하고 하나님과의 관계가 단절된 지 오랜 시간이 흘렀는데 그때 내 마음을 사로잡는 누군가가 나타난다면 이것은 아주 위험한 것입니다. 그래서 저는 이 사람이 하나님이 짝지어 주신 짝인지를 알 수 있는 방법은 내가 누군가를 좋아할 때 나의 상태가 어떠한가를 먼저 보는 것이 중요하다고 이야기합니다.

사실 이것은 배우자를 찾을 때만 그런 것이 아닙니다. 신앙인 각자의 마음을 사로잡고 있는 목사를 만날 때도 그렇습니다. 언제 사람들이 이상한 사이비와 이단에 빠지게 될까요? 대부분은 갈급할 때 빠집니다. 갈급한 순간에는 이성적인 판단이 제대로 작동하지 않습니다. 지금 가족 가운데 누가 큰 병이 들었다고 한다면 빨리 치유하고 싶은 간절한 마음 때문에 치유의 능력을 발휘하는 사람이 가장 좋은 것입니다. 그 사람이 이단인지 사이비인지가 뭐가 중요하겠습니까. 갈급함이 중요한 것입니다. 이단과 사이비들은 이와 같은 사람들의 갈급함을 잘 이용합니다. 어떤 사람을 평가할 때도 마찬가지입니다. 그때 나의 육체적인 상태, 정신적인 상태, 하나님과의 관계 등이 모두 건강할 때 그때 내 마음에 꼭 드는 목사가 있으면 그 사람은 진짜 좋은 목사일 가능성이 높습니다. 그런데 내가 지금 처해 있는 환경이 너무 어렵고 생각할 여력도 없고 하나님과의 관계도 불통 단계일 때 내 마음을 사로잡는 누군가가 나타난다면 그때 올바른 판단과 분별을 하기는 쉽지 않습니다.

전도서를 세계관의 투쟁이라고 말씀드렸는데 어떻게 보면 아가도 마찬가지입니다. 아가는 하나님이 기뻐하시는 참된 사랑이 무엇인가에 대해 우리에게 질문합니다. 오늘 대한민국 사회는 육체적인 사랑이 판을 치고 있고 약속이 너무 가벼워진 시대가 되어 버렸습니다. 이런 상황 속에서 세상의 판단에서는 문제가 없다고 하더라도 신앙 안에서 누구를 만나 어떤 가정을 꾸리고 어떤 사랑을 꽃피울 것인지에 대해 깊은 묵상이 필요한 시대입니다. 아가가 그러한 묵상을 행하는 일에 길잡이가 될 수 있으리라고 생각됩니다.

아가의 중요한 특징을 몇 가지 살펴보겠습니다. 아가 1장을 펴주

시기 바랍니다. 그리고 1장부터 8장까지 쭉 넘겨보면서 다른 성경과 다른 특징을 하나 찾아보시기 바랍니다. 아가에는 단락의 소제목이 없습니다. 대부분의 성경 본문에는 소제목이 나옵니다. 예를 들면 룻기 2장을 보면 "룻이 보아스를 만나다"라는 소제목이 있습니다. 열왕기하 6장을 펴게 되면 "쇠도끼를 찾다"라는 소제목이 나옵니다. 그런데 아가에는 소제목이 하나도 없습니다. 소제목이 없다는 말은 소단락이 없다는 것입니다. 그렇다면 왜 아가는 소단락도 구분하지 않았을까요? 소단락이 없다는 말은 어디부터 어디까지를 끊어야 될지가 애매하다는 것입니다. 소단락이 없으니 소제목을 붙일 수도 없는 것입니다. 이처럼 한글 개역개정은 아가 안에 소단락도 없고 소제목도 없습니다.

한글 공동번역 성경은 조금 다릅니다. 공동번역 성경을 보면 구절에 신랑, 신부, 합창단 등의 표시가 있습니다. 아래에 나오는 내용이 누구의 말인지를 표시해 준 것입니다. 마치 연극에서 각 사람의 대사를 구분해 준 것 같은 모습입니다. 사실 아가는 학자들조차도 해석하기 어렵다고 정평이 난 본문입니다. 그 이유는 아가가 하나의 연극 대본 같은 것이기 때문입니다. 아가 전체는 남녀 간의 사랑을 찬미하는 연극 대본으로 보아야 합니다. 아가의 주인공이 두 사람인지, 세 사람인지가 불명확합니다. 두 사람으로 보게 되면 솔로몬 왕과 술람미 여인의 사랑 이야기로 아가를 이해합니다. 학자들 중에는 두 사람이 아니라 세 사람이 주인공이라고 주장하는 분들도 많습니다. 이분들은 솔로몬 왕과 술람미 여인과 원래 술람미 여인과 사랑을 나누었던 남자 목동이 있다고 봅니다. 중요한 것은 주인공이 두 사람인지 아니면 세 사람인지에 따라 아가의 전체 줄거리가 완전히 달라진다는 것입니다.

아가를 솔로몬 왕과 술람미 여인의 사랑 이야기로 읽게 되면 아가의 이야기는 이렇게 전개됩니다. 솔로몬 왕이 어느 날 시골 지역을 방문하다가 시골 여인이었던 술람미 여인을 만나게 됩니다. 그리고 신분을 뛰어 넘어 이 여인을 사랑하는 마음이 생깁니다. 솔로몬이 이 여인을 예루살렘으로 데리고 옵니다. 그런데 예루살렘에 오게 된 술람미 여인은 예루살렘 여인들의 시기와 질투로 힘들어 하다가 예루살렘을 떠나게 됩니다. 솔로몬 왕은 술람미 여인을 잊지 못하였고 마침내 솔로몬 왕과 술람미 여인이 다시 만나 사랑을 완성하는 것으로 읽을 수 있습니다. 그런데 주인공을 세 사람으로 볼 때는 이야기가 전혀 다르게 전개됩니다. 술람미 여인이 시골에서 살 때 그녀가 사랑했던 남자 목동이 있습니다. 그런데 어느 날 솔로몬 왕이 시골 지방에 와서 술람미 여인이 마음에 든다고 하여 술람미 여인을 왕궁으로 데리고 갑니다. 그런데 왕궁에 와서도 술람미 여인은 계속 그 목동을 잊지 못하고 그리워합니다. 그러다가 마침내 왕궁을 나와서 다시 이 목동과 하나 되는 이야기로 읽을 수 있습니다.

이처럼 아가의 주인공이 둘이냐, 셋이냐에 따라서 아가의 이야기 전개가 완전히 달라집니다. 학자들 사이에도 아가 안에서의 주인공의 숫자에 대한 합의가 이루어지지 않았습니다. 그만큼 아가를 제대로 이해하는 것이 어렵다는 것입니다. 본문에 나오는 이 말이 누구의 말인지조차 명확하게 규정하기 어려운 본문이 아가입니다. 공동번역 성경에서 이것이 누구의 말인지를 표시하고 있지만 그것은 독자들이 쉽게 읽을 수 있게 하기 위해서 임의로 그렇게 붙여 놓은 것입니다. 성경 원본에 그러한 표시가 있는 것이 아닙니다. 학자들 사이에도 아가의 주인공을 두 명으로 봐야 할 것인가, 세 명으로 봐야 할 것인가에 대해 합의가 안 되어 있을 만큼 굉장히 난해한 본문이 아가라는 사실을 기억하시면 좋겠습니다.

아가에 대한 풍유적 해석이 한계가 있을 수 있다고 말씀하셨는데 그러면 아가를 순전히 하나님이 창조하신 창조 섭리 안에서의 성 그 자체로만 보는 것이 맞는가요. 순전히 문학적으로만 보기에는 그런 것 아닌가요?

Ⓐ 맞습니다. 지혜 문학 자체가 '우리가 인생을 어떻게 살아갈 것인가? 어떤 친구를 사귈 것인가?' 등 우리 삶의 중요한 주제와 연관이 있습니다. 우리 인생의 중요한 키워드 가운데 하나가 결혼과 성 아닙니까. 아가는 본문의 내용을 문자 그대로 수용하게 되면 성과 결혼에 대한 지혜 문학으로 받아들일 수 있습니다. 그런데 문자 그대로 읽는 것이 부담스러운 사람들은 이 본문을 풍유적으로 해석해 왔습니다. 그래서 유대인들은 하나님과 유대인들의 사랑 이야기로, 초대 교인들은 예수 그리스도와 교회의 사랑 이야기로 읽었습니다. 그런데 풍유적으로만 보게 되면 아가 안에 있는 다른 인물들을 어떻게 설명해야 할지가 난해합니다. 그래서 저는 지혜 문학이기 때문에 하나님이 창조하신 인간의 성에 대한 찬미로 읽는 것도 가능하다고 봅니다. 그러나 그렇게 이해하게 되면 여전히 많은 사람들에게 아가는 읽기 부담스러운 금서처럼 다가오게 될 것이라고 봅니다.

Q 어떤 신학자는 이것을 남성 우월주의가 표현된 문학으로 해석하는데 그것은 좀 심한 왜곡으로 봐야 하는 것 아닌가요?

A 그렇지는 않습니다. 기본적으로 구약은 남성 중심입니다. 그것은 하나님의 뜻이 그런 것이 아니라 이미 남성 중심적인 세계 안에 살고 있던 사람들에게 하나님이 주신 말씀이기 때문에 그렇습니다. 인류 역사를 보면 지금 같은 여성 인권의 신장은 불과 얼마 되지 않은 이야기입니다.

우리나라만 하더라도 백 년 전에 여성들의 사회적 위치가 지금과는 너무나 다르지 않았습니까? 우리나라 최초 여성 서양화가인 나혜석이라는 분이 있습니다. 그녀의 남편은 변호사였는데 계속 바람을 피웠습니다. 그런데 아내가 다른 남자와 바람을 피우자 남편이 이혼을 요구하게 된 것입니다. 아내가 해서는 안 되는 일이라면 남편도 그 일을 하지 말아야 하는 것 아닙니까. 그런데 여성에게는 불가능한 일이 남성에게는 허용이 되었습니다. 남성들이 첩을 두어도 여성은 아무 말도 하지 못하던 시대가 있었다는 것이 이해가 됩니까. 지금은 상상도 할 수 없는 일입니다. 우리나라도 여성의 인권이나 여성에 대한 존중이라는 것이 인정받은 것이 얼마 되지 않았습니다.

그렇다면 성경의 세계는 어떠하겠습니까. 성경은 지금을 살고 있는 현대인들에게 읽으라고 주신 말씀이 아닙니다. 옛날에 남성 중심의 세계 속에 살던 사람들에게 주어진 계시의 말씀입니다. 고대 근동 사회는 여성들을 사람으로 생각하지 않았습니다. 그런 맥락을 이해하게 되면 성경 안에 나오는 남성과 여성의 대등함이나 동등함을 말하는 본문은 정말 놀라운 말씀들입니다. 당시의 맥락을 알고 성경을 읽게 되면 성경 한 구절 한 구절이 얼마나 파격적이고 시대를 앞서간 메시지인지를 알 수 있을 것입니다.

시가서 강의

| 욥기, 시편, 잠언, 전도서, 아가 |

지은이 | 양진일
초판 발행 | 2024.3.14

등록번호 | 제 2022-000023호
펴낸이 | 이현걸
펴낸곳 | 미션앤컬처

주소 | 동작구 여의대방로 22길 121
전화 | 02-877-5613 / 010-3539-3613
팩스 | 02-877-5613
E-mail | missionlhg@naver.com

표지 디자인 | 이시우
내지 디자인 | 정영수
인쇄 | (주)한솔에이팩스

책 값은 뒤표지에 있습니다.
ISBN 978-89-966741-5-3